我与贵州
改革开放40年

庆祝改革开放40年大型网络征文优秀作品集

贵州日报当代融媒体集团　中国党刊网　编

孔學堂書局

·贵阳·

图书在版编目（CIP）数据

我与贵州改革开放40年 ：庆祝改革开放40年大型网络征文优秀作品集 / 贵州日报当代贵州融媒体集团，中国党刊网编. — 贵阳 ：孔学堂书局，2019.7

ISBN 978-7-80770-139-2

Ⅰ. ①我… Ⅱ. ①贵… ②中… Ⅲ. ①改革开放—成就—贵州—文集 Ⅳ. ①D619.73-53

中国版本图书馆CIP数据核字(2019)第155724号

出 品 人：邓国超　李　筑
责任编辑：蒋红涛　丁　羽
责任校对：黄　艳　胡　馨
责任印制：张　莹

出　　品：贵州日报当代融媒体集团
出版发行：孔学堂书局
地　　址：贵阳市云岩区宝山北路372号
印　　制：贵州新华印务有限公司
开　　本：787mm × 1092mm　1/32
印　　张：6
字　　数：181千字
版　　次：2019年7月第1版
印　　次：2019年7月第1次
书　　号：ISBN 978-7-80770-139-2
定　　价：22.50元

《我与贵州改革开放40年：
庆祝改革开放40年大型网络征文优秀作品集》
工作委员会

主　任：李　裴

副主任：王瑞军　谢　念　邓国超　陈　麟
　　　　李　筑　肖章杰　陈颂英

《我与贵州改革开放40年：庆祝改革开放40年大型网络征文优秀作品集》编辑委员会

回顾来时路·接续追梦想

——读《我与贵州改革开放40年：庆祝改革开放40年大型网络征文优秀作品集》有感

（代序）

通过网络征文方式，甄选具有代表性的优秀文章汇编成书，庆祝改革开放40周年，这是一件很有意义的事情。

《我与贵州改革开放40年：庆祝改革开放40年大型网络征文优秀作品集》一书从贵州人民生活的方方面面特别是从衣食住行的变化反映贵州经济社会发生的历史性变革、取得的历史性成就，平实而生动地展现了贵州改革开放40年来发生的历史性巨变，印证了习近平总书记指出的贵州是“十八大以来党和国家事业大踏步前进的一个缩影”的赞誉，也折射出了中国改革开放和社会主义现代化建设的伟大成就，用实践证明了改革开放是决定当代中国命运的关键一招，是中国特色社会主义事业发展前进的不竭动力。

该书生动展现了改革开放40年来贵州城乡面貌日新月异、翻天覆地的发展变化。“荒山变青山，收入翻了番；油灯变电灯，吃水不用担；小病不出村，学校大改观。”“从土木结构房到砖混、钢混结构房；从平房到楼房，到别墅；从福利房到商品房；从一家几口蜗居十几平方米的斗室，到一家人享受百余平方米的居室……改革开放让我们告别了居住‘困境’”“普遍开展远程医疗会诊体系建设，大医院结对村卫生室，通过远程会诊，帮助边远山村群众治好了很多疑难杂症。”书中这样生动的描述比比皆是，朴实的语言展现的是人们的幸福生活，让我们感受到了贵州在幼有所育、学有所教、劳有所得、病有所医、老有所养、住有所居、弱有所扶等方面取得的新成绩和贵州人民在共建共享发展中不断增强的获得感、幸福感和安全感。

该书真实反映了改革开放40年来贵州人民攻坚克难、苦干实干、创造美好生活的奋斗历程。“一位精壮的汉子正在山腰一处绝壁上采石，他的脸上透着一种淳朴刚毅之气，正坚定地挥动大锤锤打着钢钎，去击碎那块坚硬的大石头。”“苗乡人民走悬崖、过峭壁、越河滩，把蓝天当纸、以铁塔作笔、用汗水作墨，实施了国家‘电力扶贫共富工程’，立起了万座基杆塔，使苗乡在西部率先实现‘户户通电’，成为黔电外送的‘电码头’和‘桥头堡’。”“老人们你一锄我一锹，硬是凭着老骨头拼了一年多，终于挖出了条拖拉机勉强可以通行的路。”透过该书，我们感受到了勤劳勇敢的贵州人民，对家乡的挚爱、对美好生活孜孜以求的坚毅和不懈奋斗精神，看到一代代贵州人用双手突围绝境、挑战贫困、攻克大山深处贫困堡垒的不屈勇气，谱写了一曲曲感天动地、气壮山河的奋斗壮歌，书写了中国减贫奇迹的贵州篇章，创造了今天的美好生活。特别是党的十八大以来，在新时代的伟大征程上，贵州人民接续奋斗铸就了“团结奋进、拼搏创新、苦干实干、后发赶超”的新时代贵州精神，成为后代砥砺前行的宝贵精神财富与不竭的动力源泉。

该书有力地呈现了改革开放40年来贵州青年勇挑重担、锐意进取的精神状态。“改革开放40年，我有幸与你同行，我会不忘初心，我会继续前进，为改革开放出力，与改革开放一起成长，见证祖国更伟大的辉煌。”“任重兹道远，好梦正扬帆。”这些，让我们深切感受到贵州青年重任在肩的担当和为命运、为时代而奋斗的远大志向。也感受到了，时代对一代青年人意味着什么。生于改革开放时期的这一代贵州青年，能够与改革开放一起成长，可以说是生逢其时，赶上了好时代。正是改革开放的伟大抉择，无数贵州青年的命运才得以改变，也实现了他们的人生价值。该书有理由让我们更加坚信：改革开放是青年人放飞自我的大舞台，青年人也只有在新时代改革开放的舞台上才能建功立业、梦想成真。当前，贵州正处在脱贫攻坚决战决胜时期，让延续千百年来的绝对贫困问题在我们这一代人手中得到历史性地解决，对贵州青年来说大有可为、无比光荣。贵州的青年，只有沿着先辈的足迹，做时代的奋斗者，才能在按时高质量打赢脱贫攻坚战的战场上、在推动经济高质量发展的浪潮中大显身手、浪遏飞舟、不负韶华。

总之，这是一本有历史深度、有人文厚度、有现实温度的好书，生动地再现了过去贵州人民追逐梦想、实现梦想的光辉历史足迹，必将激励当代贵州人民大踏步走好新时代的长征路，创造更加辉煌美好的明天。

李　裴

2019年7月

目录

第一篇 大潮奔腾·岁月如歌

第二篇 天堑变通途·居者有其屋

第三篇 绿水青山·生态宜居

第四篇 民生『小』事·幸福『大』事

第五篇 『诗』歌改革·『词』咏开放

大潮

奔腾·岁月如歌

第一篇

生命，是时节永不停歇的流逝；而回忆，婉若一只蜗牛的触角，它用一个个慢镜头，记录下了生命的完整。在这些镜头里，我们穿上“母亲做的布草鞋”，坐在“1977年高考”的课桌前，忐忑不安地想象能否“有缘大学”。那时，我们小小的双手还推不动沉甸甸的“石磨”，我们更喜欢在繁花深处“追赶太阳”，穿过一座又一座“桥”，走进“蜗牛的春天”，尽情“沐浴在改革开放的春风中”……

岁月不居，时节如流。唯有回忆中的慢镜头，还历史以真实，还生命以过程。

乌蒙山中凿石声

陈海宇

位于乌蒙山深处的毕节，是中国拉开“西部大开发”序幕的地方。迄今30年过去，毕节早已发生了翻天覆地的变化。当年我曾到毕节地区（现毕节市）做过一次比较深入的新闻采访，那些经历过的事情虽已远去，但仍有种激情和热度让我的记忆始终是那样清晰。

1986年初春，党中央考察组深入地处乌蒙山区的毕节地区做深入调研，对毕节致力于改变深度贫困的做法和经验给予了很高的评价。这件大事，当时在贵州的干部群众中引起了强烈的反响，引发了广泛热议，给探索脱贫道路和奋力与贫困作斗争的全省人民带来了信心和力量。

那时我刚加入电视记者行列，正密切关注贵州农村问题，一直思考要制作一部电视政论片来反映贵州农村发展的深刻变化。以党中央考察组调研报告中的事例为线索，我信心满满地独自搭乘长途汽车，前往毕节地区各县采访。乌蒙山区山高谷深、行路艰难，当时坐车从贵阳到毕节，居然要10来个小时，奔波在“威纳赫”（即毕节当时最贫困落后的威宁、纳雍、赫章3个县）的山梁沟壑间，更是真真切切体会到了“要致富、先修路”的内涵和力量。去各县采访下来，虽已疲惫不堪，但内心的感动和冲击仍让我迫切希望趁热打铁，把热乎乎的第一手材料尽快变为电视片的拍摄台本。在大方县人民政府招待所里，我用两天时间撰写完成了电视片拍摄台本。时隔不久，又从贵州省电视台带着年轻的摄制团队，重返乌蒙山深处，完成了节目摄制任务。这部名为《西北角的热风》的电视片，是贵州第一部电视政论片，当年11月在贵州电视台播出后获得了很大反响和广泛好评，并在许多场合频频被提及。

我们前往毕节的摄制组一共七个人，以刚出校门的青年学生为主，大家对工作将面临的艰苦自然预估不足。除行路艰难外，在毕节半个多月的工作时间里，我们仅遇到过三四次晴天，其余的便是阴雨天气，每逢绵绵雨中拍摄，雨伞必须保护摄像机，人自然就淋个够呛。乌蒙山区的阴雨被寒风裹携，虽湿在衣上寒气却能透骨三分。工作条件是艰苦的，但毕节人的帮助却给了我们温暖。拍摄工作得到了时任毕节地委书记、行署专员的重视和关心，使工作开展得十分顺利。那时电视媒体很受欢迎，每到一处拍摄都会有基层干部和不少农民群众来帮助抬设备、带路。我们去赫章县妈姑区拍摄时，为拍摄到铅锌冶炼炉火在凌晨时的壮观火苗，需要在那里休息等候。为让我们在简陋的房间里能好好睡上两三个小时，壮实的区委书记带着几位大嫂，亲手为我们钉好换洗一新的被子……

赫章县妈姑区农民采用土法冶炼铅锌，曾吸引了党中央考察组的目光，也让我们大开眼界。当地农民用烧制砂锅的传统技术来制造的冶炼容器，宛如导弹一般，这支由千百户农民组成的冶锌大军，被人们形象地夸赞为“导弹部队”，就是这支“部队”的土办法，让群众的生活得到了明显改善。

毕节的发展经验，为什么会吸引党中央考察组的目光，并得到肯定和赞扬？这些经验，对当时脱贫任务十分艰巨的贵州又有哪些启示？摄制组循着这些问题，在采访中寻找着答案：在纳雍县沉睡千年的“黑石头”变成市场上紧俏的建材“纳墨玉”大理石的奇迹中；在边远的威宁县高坎子鞭炮厂和草海边的保家糖厂，一个个技能娴熟的农家小姑娘小伙子拿到了计件工资的快乐中；在渭河铁厂、在岚头铁厂奔流的铁水、四溅的火花中……摄制组不断得到启示，原因和答案就在其中。

立足自力更生、不贪大求洋，增强造血功能、滚雪球似的发展，毕节地区在发展中不是等、靠、要，不是把眼光放在依赖上级的“救济”上面，而是广泛发动群众寻找致富门路。在群众性的初级产品生产基础上，有计划地兴办骨干企业，把众多的小产品、小企业凝聚在一起，形成了系列产业，并成为经济发展的突破口。短短的几年时间，历来被人们认为边远、闭塞、落后的毕节地区，财政收入由原来的全省最后一位跃居全省第三位，城乡面貌焕然一新。在电视片中，这些场景和经验都得到了生动反映。今天看来，这些也许已经算不上什么新鲜事，但在当时，是解决山区贫困问题先进而有效的发展理念和生产方式，是攻破贫穷壁垒的利器。摄制组的成员们，也逐步从中领会到了党中央考察组肯定和赞扬所包含的深意。

在乌蒙山深处栉风沐雨的采访拍摄，一路上总有辛苦和快乐，乌蒙山区生动而清晰的脱贫变化也一直让我们感动着。毕节是贵州西北角的高寒山区，在山野间拍摄时淋雨受寒，我却突然有了一个寒热关联的灵感，于是在片中写出了这样一段解说词："贵州的西北角，是贵州高原的屋脊，气候一向比较凉爽。现在这里刮起了'热风'，不过这不是大自然的风，它是山区人民掀起的脱贫致富、改变家乡落后面貌的热潮，是山区人民奋发向上、敢于拼搏的精神风貌。1986年春天，党中央考察组在毕节地区考察后指出，昔日贫穷落后的毕节地区出现了十大新变化。贵州整个是落后的，探索落后山区脱贫致富的新路子是摆在全省面前的新课题，西北角吹来的'热风'，不正是为我们提供了许多需要深思、得到启发的内容吗？"

拍摄电视节目，难免留下些许遗憾，虽然我们已经拍到了许多鲜活的素材，但总觉得要制作成电视片时还缺少点什么东西。在即将结束在毕节全部外景拍摄的那天，一处山坳里传出阵阵清脆的钢钎凿石声吸引了我们，循声赶过去后，只见一位精壮的汉子正在山腰一处绝壁上采石，他的脸上透着一种淳朴刚毅之气，正坚定地挥动大锤锤打着钢钎，去击碎那块坚硬的大石头。"传神写照，正在阿堵中"，这不正是我觉得素材中缺少而寻找的那种能折射乌蒙山区人民不畏艰难、勇于向贫困抗争的象征吗！我让摄像师赶快拍下了他的一组近景和特写。后来，这组镜头恰当地用在了节目的片头，那位农民雕塑般的身影升华了电视片形式上丰富的内涵。那一次次铁锤敲击钢钎发出的清脆响声，也被制作成混响的音效，像一首战胜贫困的交响乐序曲，长久回荡在莽莽苍苍的乌蒙山中。

作为一名新闻工作者，此后有幸见证了毕节从建立"开发扶贫、生态建设试验区"拉开了中国"西部大开发"序幕，到走上不断探索、不断创新发展、人民幸福指数与日俱增的进程。迈入新时代，毕节正与贵州全省一道，撕下贫困落后的标签，贴上新的靓丽名片，走上了后发赶超、与全国同步小康的发展快车道。毕节的巨变、贵州的跨越发展，离不开党和政府长期以来方方面面的扶持和指导，每当看到在这个伟大的历史进程中，贵州人民始终不甘于贫困落后而锐意进取，以坚韧不拔、敢闯敢试的精神不断创造出骄人成绩时，总会联想起遥远的乌蒙山中，当年那铮铮清脆的凿石声。

垂直高度565米的世界第一高桥——杭瑞高速北盘江大桥

我的1977年高考

——纪念我的父亲

许　明

大概从小在父亲任教的中学校园里长大的缘故，那些毕业于各大学的老师，是我常见的邻居、长辈。他们的学识、风度、教养令人尊重、令人崇敬。他们是我人生最早的榜样，因此上大学一直是我的梦想。

1976年，我已从插队的农村到了离家300多公里的赤水天然气化肥厂做学徒，年中得到消息，省里给了工厂5个上大学的名额，全部是工科院校专业，其中最好的学校是厦门大学。方式仍然是个人报名，群众推荐，领导批准，学校复审。我所在的车间得到厦门大学化工系1个名额。我心里再次“长草”，纠结掂量报不报名。虽然专业不是自己喜欢的，但上大学的诱惑对我实在太大了。而当时的情况是：本车间年纪相仿的工友30多人，全厂同期招进的青年工人360多人。比政治条件，我不是党员；比家庭背景，我不是“革干”。即便报名，不到2%的概率，胜出的机会想想都不乐观。理智地放弃后，心里患得患失，郁闷了好一段时间。

1977年10月，我正在金沙江畔的云南天然气化肥厂（简称“云天化”）实习。云天化是进口的13套大化肥厂生产系统之一，它建在金沙江边一个名为滚坎坝的小村子，原属四川宜宾，因建厂需要划给了云南。我和工友们大概在9月下旬从泸州过来，跟班师傅试车（投产）。此时的滚坎坝已经建区，名“水富”，即现在的云南省水富市。除了厂区，周边基本没有像样的建筑，是个地僻人疏、冷寂无名的小地方。滔滔的金沙江从厂区北侧东去，江对岸是险峻的山脉。当地师傅下班回家，实习的青年工人无处可去，要么用富余的全国粮票在农民的地摊上换水果吃，要么聚在一起闲聊，也有悄悄恋爱幽会的。在上完0点至8点的夜班后，白天有大把的时间，有时我会独自到江边溜达，打发百无聊赖的韶光，对未来的生活没有预期、无法设想。

从报纸上知道了高考恢复，短暂的兴奋过后，却并不打算报考。原因简单——如此大事，没有充分准备，怎么可以仓促行事。不久接到父亲来信促我高考，还随信寄来了他拟定的估摸会涉及的时事政治题目，并叮嘱我熟读华国锋同志政府工作报告，那可能会是政治科考试的重要内容。我虽回信说来不及复习了，待明年准备充分一些再考吧，但父亲的来信已经让我心如奔马，考试的心思再也收不回来。不打算考的原因是还有一个非关复习的问题需要解决，那就是车间是否同意我参加考试。1976年推荐上大学，我未报名的另一个原因，是车间领导舍不得放人，把本车间的名额给了别的车间。车间不批，我想破头也没辙。

大概在11月初，为了争取车间同意，我请假回赤水，在当地乘船沿金沙江顺流而下进入长江。船过宜宾，看见北岸逆流而上的纤夫，虽然是秋天，仍然只穿条裤衩，赤膊赤脚背负纤绳，负重前行，头差不多低到地面上，悲怆的号子在江水的旋涡里久久回荡。想起此行未知的结果，我不由得多了一份心事。

到长江边的合江下船，换乘小客轮沿赤水河溯流而上，到达赤水天然气化肥厂（简称“赤天化”），分别找到车间主任和书记，试探性询问：“我想参加高考，车间同意吗？”车间领导的答复出人意料的干脆一致：“可以呀，只要考得上，支持你们。”这简直让人喜出望外，那一刻所有的担心忧虑都烟消云散。考虑个人实际和当时的复习环境，我兴高采烈选择了考文科。从存放厂里的个人行李中找到那本数学课本，返回实习的云天化，边倒班边复习。没有老师辅导，没有复习资料，没有模拟的题目，那本中学数学课本是唯一的备考重器。

1977年11月底，厂里要求实习人员全部回厂。宿舍仍然在建，我们临时住进了周围塔罐林立、管道纵横的合成车间总控制室。临考前厂里居然给高考报名者一周假期。今天看来，当时企业的领导真是讲政治的典范。他们表现出来的顾大局、恤青年的温情，是我一生都铭记感激的。我和同车间的工友M结伴复习，每天“三点一线”：住处—食堂—办公室。在办公室浏览报纸，回住处复习。虽然离高考只有几天了，我似乎没有紧张以及紧迫感。

这种放松有两个原因：一是有工作托底，考不上不影响个人生活；二是一直抱持为第二年考试练手的心态，没有太大的思想包袱和压力。有天看报时，银行工作的朋友得知我要到赤水参加高考，问要不要到她县城的宿舍住下，我尚在犹豫，工友M说能到县城住当然好，于是我接过钥匙，在考试前一天和她住进县城。工厂离赤水县城（现赤水市）约有4公里的路程，不住县城，就得每天起早步行去考场。对于家不在县城的工友，大都来回奔波了3天。这在今天是难以想象的。

1977年12月15日上午考试开始，17日结束，我随即在县城照相馆拍了一张证件照备用，自忖上大学应该没有悬念，能上什么样的大学，则只能交付命运安排。

1978年1月上旬，县教育部门通知上线考生到厂区临时会场开会，告诉大家可以填报志愿了。并把当年招生的院校和专业都给大家读了一遍，其中有复旦大学新闻系，然后发放表格，每人限填3个志愿。我脑子里灵光一闪，无知无畏填报了3个志愿：复旦大学新闻系、武汉大学哲学系、四川大学中文系。那瞬间乍现的灵光，是张扬的青春赋予生命的勃勃朝气，似命运之手的非常安排。

志愿填报、县人民医院体检。之后春节将至，我回遵义探亲。临走时和车间领导说好，大学录取通知书到后，发电报给我，请一定说明录取院校。20天的探亲假在漫长焦灼的期待中过去。假期快要结束的一天，新舟中学也参加了高考的一名老师（他是中学教语文课的老三届知青），去邮局取遵义师范专科学校寄给他的录取通知书，回校园对我说，邮局有你的电报。我知道决定命运的时刻终于来了，风一样穿过小镇几百米长的街道，奔向镇子另一头的邮局，拿到电报就心急火燎地撕开，看到了此生永难忘记的那一行字：复旦大学新闻系录取。我情不自禁蹦起来，手挥电报一路奔回家，收拾行装即刻返厂。

回到厂里已经2月底，听说赤天化当年考上大学的有40多人，占了赤水县当年录取数97人的一半多。在车间，已经办完所有手续的工友H来告别，告诉我她考上了重庆建筑工程学院地下结构专业；工友C考上遵义医学院，已经走了。她次日将启程去学校报到，并递给我一张“联络图”，供办户口等手续时参考。这是已经离厂上学的工友们留下的，相当于今日的办事攻略或指南。办完户口迁移、粮油关系转移、党团关系证明等手续，在3月初的一天，我踏上了去上海的求学之旅。

在两天两夜的硬座火车上，想到那个2000多公里外的学校，那个考试前未曾想过的专业，那个只在小说和电影里见过的城市，一切仿佛在梦里。

1977年国家恢复高考制度，成千上万的贵州青年参加了高考，这是“十年动乱后”贵州省第一批通过高考进入高校学习的学生在图书馆自修

中国梦。中华民族迎来了从站起来、富起来到强起来的伟大飞跃。而我们贵州也日益走进世界经济文化舞台的中央。

爸爸生于农村，读书时代家境并不富裕，全家6口人靠你爷爷下井挖煤、奶奶种地维持生活。很少有现在品种多样的蔬菜、肉食和饮料，平时主要吃苞谷饭，菜主要是洋芋、四季豆，偶尔爷爷奶奶会买点豆腐和辣椒烩汤，那真是人间美味，我根本无法想象你爱吃的龙虾、爱喝的“尖叫”是什么滋味。每年过年时，爸爸和你的三位姑姑最开心，因为爷爷奶奶会买上十几斤猪肉和几斤糖果让我们一饱口福，还会给我们换上一身虽然颜色单一、样式简单却是全新的衣服，而一向勤俭节约的爷爷奶奶却一直坚持“新三年、旧三年、缝缝补补又三年”的习惯，不舍得给自己添一件新衣。而现在的你却是想吃啥吃啥，想喝啥喝啥，想穿啥穿啥。

女儿，搬到电梯楼居住后，你还记得你3岁多时我们带你回老家时的情景吗？你嫌弃地上坑坑洼洼，屋里黑黢黢的，哭闹着要我们赶紧带你赶回县城。老屋虽破，那可是我们小时候的安乐窝呀！小时候下雨屋漏，我和姑姑们会把家里的锅碗瓢盆全部用来接雨水，因为屋外下大雨、屋内下小雨。当时没有洗衣机，即便是天寒地冻，我也要把衣服和被套拿到村子的小河沟去洗，手脚还会长满红红的冻疮。

躲猫猫、打三角板、丢磁瓦钱、折纸飞机是我童年时最爱玩的游戏，姑姑们的最爱就是踢毽子（树叶或鸡毛制成）、跳大海、跳皮筋、跳大绳。而这些游戏，有的如果不向你解释，你都不知道是怎么玩的。我记忆里最称心如意的玩具莫过于你爷爷亲手做的纸折驳壳枪和木头宝剑，驳壳枪用墨汁染色，和小伙伴们打仗，嘴里模拟枪声，小伙伴应声而倒，喜不胜收；用石砂子打磨得光滑无比的木制宝剑，再用猪尿泡烤出油后对它不停擦拭，神气地别在腰间，随时准备亮剑和小朋友来一场“比武”。我们搬家时，你的各种玩具，你奶奶就收集了两大编织袋，因为你对它们已经没有了兴趣，卖给了收旧货的老伯。现在你有网络、有手机、有电脑、有数不清的新鲜信息和各种新奇的游戏，你可以在知识与娱乐的世界里恣意驰骋。

爸爸读书时，每天要走5公里的路，自带午餐，风雨无阻。你每天上学10分钟的路程，有爸爸开车接送；爸爸小时割完草后，会和小伙伴们兴奋地奔赴7.5公里外的六枝街看83版的《射雕英雄传》，那是一台15英寸的熊猫牌低分辨率黑白电视，几十人挤在一起如看电影一般快乐，而你现在在家就可以看高清大屏电视；各种新奇的图书应有尽有，爸爸爱看的小人书已被装帧精美的漫画取代；五分钱一根的冰棍消失了，各种味道甜美的雪糕吸引着你的眼球。

老家的砂石路现在都变成了沥青路，高速路经过我们的村寨；茅草房变成了两三层的小洋楼；自来水、互联网、高清网络电视家家户户都接通了；家乡的所有煤矿因为污染严重已全部关闭，猕猴桃基地建到了家门口，大部分人家开起了农家乐，过上了富足的生活，绿水青山真正地变成了“金山银山”；六枝县城里交通便利、高楼林立、华灯璀璨。家乡的变化真是翻天覆地。

是什么在40年间给我们如此强大的动力？是改革开放！是什么在这短短40年使我们六枝发生沧海桑田的巨变？是改革开放！又是什么让我们能够在40年后的今天安居乐业、实现小康？还是改革开放！

历史告诉我们，是1978年的十一届三中全会引来了改革的春风，开启了改革开放的历史新时期。现在，我们贵州已经驶进了高速前行的快车道。“醉美多彩贵州”“大数据”“全域旅游”等词语早已深入人心。

女儿，我们应该为自己是中国人而自豪。中国共产党带领中国人民以一往无前的进取精神和波澜壮阔的创新实践，谱写了中华民族自强不息、顽强奋进的壮丽史诗。

我为自己是一名中共党员而自豪，因为我加入了这支无怨无悔守望国家走向安定团结、繁荣昌盛的队伍。在今后的日子，你将作为一名伴随改革开放成长起来的战士，还会再守卫改革开放50年、60年、70年、80年……你要以自己的亲身体会和无比感激之情为本，坚定信念，切实履行，为实现中华民族伟大复兴的中国梦而努力。

最后祝你作文成功！

爱你的爸爸

2018年6月9日

追赶太阳的11个瞬间

◎文 黄斌华

美丽的春天

2018年，值此《沧桑巨变·册亨改革开放40年·教育部分》约稿之际，一幅特别的中国地图，首先浮现在我的眼前。

一个简陋的教室中，正在进行一场地理考试。黑板上悬挂着的是一幅没有省份名称的中国地图，老师用教鞭指向某一省份的空白处，学生需准确答出该省的名称。考试结束，全班同学均获优秀成绩。这次课堂测试，以今天的课堂评价标准而言，它或许很普通很平凡，然而就册亨民族教育而论，却具有非比寻常的意义，成为册亨民族中学“胸怀天下、自强不息”校训的发端。这堂课的设计者是毕业于北京大学地理系的“右派分子”韩平希。

20世纪60年代，与韩平希一起来到册亨民族中学的，还有毕业于北京师范大学、中国人民大学、云南大学等省内外知名院校的10余位大学生。这些优秀大学生的到来，是反“右”悲剧乌云折射的几缕阳光，是历史长河激荡奔腾中的美丽错误，更是命运交响乐曲对册亨的特别青睐！这10余位大学生，不是传统意义上的迁客骚人，而是当代文化对册亨这片布依热土的特殊关爱。是他们，这群有着坦荡胸怀、坚韧精神的前驱者，与20世纪50年代到册亨的支边干部们，一起铸就了册亨民族中学的鲜活灵魂。他们以崇高的品格、渊博的知识、美好的情操以及聪明智慧，开启了册亨民族高中教育的美好春天。

自改革开放以始至1993年的15年间，册亨民族高中教育，可谓名师辈出。20世纪80年代中期，册亨民族中学的教育教学质量评估，曾进入黔西南布依族苗族自治州（简称“黔西南自治州”）第四位，如今站在海内外博士生导师讲台上的6位册亨籍学者以及省内外重要岗位上的数十位领导和专家，都是这一时期册亨民族中学毕业的学生。

“优秀学生是可遇而不可求的。”同样，对学生来说，优秀教师也是可遇而不可求的。这个说法虽有失偏颇，但对20世纪80年代的册亨民族中学学子而言，他们的可遇而不可求的幸运却是不言而喻的。

兴县荣校的重托与期望

在册亨民族中学校园内，有个记录1996年40年校庆活动的“春晖台”，台上竖立着6块碑铭。其中，镌刻着“饮水思源兴县荣校”8个大字的碑铭，乃是时任县委书记罗用能所题。

1996年，册亨民族中学的教师队伍，从20世纪80年代的人才济济，滑到了青黄不接的边缘，在教育改革的大潮下，不但20世纪60年代的前驱精英被提拔到领导岗位，或被省、州名校挖走，就连20世纪70年代成长起来的骨干教师，也纷纷受州内外名校青睐，或调出、或聘走。彼时保持教育质量尚有余勇，此时则跌入了低谷，怎么办？时任学校领导班子拟议举办建校40周年活动，集6000名校友与社会各界智慧，共谋学校发展大计。这一计划，得到了中共册亨县委、县人民政府的高度重视，时任县委书记罗用能指示县委办公室、县人民政府办公室组成筹备委员会，并为校庆活动题词，时任县长潘立德亲自撰文致40年校庆。

1996年9月10日，册亨民族中学如期举办建校40周年庆祝活动。这天，晴空万里、阳光灿烂，册亨民族中学校园校友毕至、嘉宾如云，亲切的召唤，重逢的笑语，艳艳的鲜花，咔咔的相机，真切的回忆，紧紧地握手……

校友张德平先生的诗歌《让我们携手前进》描绘了当时的美好情景。

40年校庆，是册亨民族中学发展的里程碑，其盛况之空前、意义之深远，时任县长潘立德在其《志四十年校庆》一文中，作了精要的述评。

此次校庆的重要功绩之一，就是初步总结了校园文化的内涵。校园文化提炼班子集广大校友之智慧，对册亨县的历史文化、册亨民族中学办学历程进行了深入的考察研究，总结了布依民族崇尚自然、重视群体、认同中华文化的三大意识，回顾了布依英杰的奋斗进取事迹，对册亨民族中学办学历史做了深入考证。大家认为，从民国县长的奔走呼号伊始，到新中国成立初期支边干部的创业热情鼓舞，从迁客骚人之“右派”精英的自强精神，到40年校庆6000名校友尤其是历届学子发愤抗争的品格，构成了册亨民族中学的文化积淀中的核心因子。在此基础之上，提炼出了册亨民族中学的“一训三风”。

2013年，集全校师生之智慧，在县文化主管部门的关心支持下，册亨民族中学校徽、校歌正式定稿发布，册亨民族中学文化初成体系。

由此次校庆征集到的百余条建议中，册亨民族中学提炼出了今后工作两大主要目标：建设优秀校园文化，打造优秀教师队伍。

艰苦奋斗的“三个瞬间”

从1996年10月起，为实现建设优秀校园文化、打造优秀教师队伍两大目标，册亨民族中学制定了为期5年的行动计划。这五年，是艰苦奋斗的五年，是尝胆卧薪的五年。

这一时期，册亨民族中学的师生心往一处想、劲往一处使，千方百计、群策群力，做出了积极的努力、奉献。

面对5000余平方米的足球场，没有资金，没有施工技术人员，怎么办？自己干。数学教师和物理教师研究、测量，定出水平座标；全体师生分组分片，利用课外时间开挖削填；没有草种，自己找，生物老师选来名曰“铁丝烂”的本地植草标本，全体师生利用周末回家的机会上山下地寻找，两天时间，近万斤“铁丝烂”堆到足球场上。种植开始，校长一声令下，筛土、运土、扬土，铡草、送草、铺草，真可谓大风起兮尘飞扬——两周之后，希望之绿，破土而出，师生之心神，旷哉怡哉……如今，足球草地已被现代塑胶所代替，然而旱不死、踩不烂的“铁丝精神”，却仍传承在自强不息的校训里。

面对集全组之力仍攻不破的物理难题，她——一位嗅到汽油味就恶心呕吐的女教师，彻夜未眠之后，毅然登上前往兴义的客车。几小时的颠簸，无数次的呕吐，到达的当天晚上，她在兴义一中名师的悉心指导下，难题攻破了、思路清晰了。第二天，她又回到了学校，走进了教室。两年后，她成了册亨民族中学的学科带头人。在这卧薪尝胆的五年里，像这样的老师不止一个，他们千方百计拜名师，广采众长求进步，或书信，或电话，或网络，刻苦钻研，虚心求教，努力地提高着自己的教学能力和学术水平。

学生基础差、教师有缺科，全省高考适应性考试中册亨民族中学考生只有两人达到预测本科线——2001年，面对开局之年的高三年级组，压力比山还大，怎么办?“高考本科录取不突破个位数，我就引咎辞职！”时任高三年级组长的副校长，向教育主管部门立下了军令状。看到军令状，教育主管部门把担负全县教研任务的物理老师紧急补充到了学校；看到军令状，老师们激动了，全天坐班的建议、师生结对的建议、学生成绩跟踪分析的建议、建立年级组教师集资助学基金的建议，提出来了，也实施了。在高考冲刺动员大会上，一位老师提出：“奋战40天、提高80分”。全体师生都站了起来，沸腾、兴奋、振臂高呼。“奋战40天、提高80分”，成了高三年级师生的誓言和行动纲领。40天后，高三年级实现了开门红，高考本科录取突破20人。更为可喜的是，两位老师还在中学教育权威期刊上发表了教研论文。

从1996年10月开始，册亨民族中学的学生养成教育全面展开。以“一训三风”为核心，爱国主义教育、校史校规教育、文明礼仪教育、行为规范教育，内容丰富，形式多样，有讲座、有竞赛、有评比。学校要求全体教职工，人人都是德育工作者；学校要求全体学生，个个都是礼貌文明人。效果如何？一位到册亨民族中学考查的兄弟学校政教主任说，他在册亨民族中学的篮球场边站了20分钟，看看会不会听到打球的学生或观众说几句粗话，但最后他一句也没听到，只能“遗憾”而高兴地离开。

书记校长紧握双手放飞的梦想

在艰难困苦中，中共册亨县委、县人民政府对册亨民族中学的发展给予了无微不至的关怀。时任县长孟祥熙同志，经常到民族中学散步走访。2000年初冬的一个周末，他在校园偶遇时任校长刘振贵，看到老校长忧郁的神情，便主动上前，紧紧握住刘振贵的手说："老校长，您辛苦了。"当县长亲切问及学校办学困难时，刘振贵老校长激动不已，最后竟泣不成声。当时的我，望着老泪纵横的校长、泪光闪闪的县长，也禁不住热泪盈眶。我看到了县长、校长的三春心愿、教育赤心。没有相机的闪光，没有报道的记录，但县长紧握老校长双手说的"政府一定全力支持您"这句话，却开创了册亨民族中学的新纪元。第二天，一套价值1万多元的音响送到了学校。几天后，由县委副书记主持，县直各科局、企业负责人参加的"册亨民族中学现代教育技术建设座谈会"在册亨民族中学召开，会议为册亨民族中学筹集大型电视机30余台。半年后，刘振贵校长随册亨县代表团飞往浙江宁波，与宁波市慈湖中学结成姊妹学校。

自1996年以来，学校先后被评为"贵州省现代教育技术实验学校""黔西南州教育科研先进学校""黔西南州文明单位""黔西南人才工作先进单位"等。2001年，册亨民族中学在全州校园文化建设评比中荣获第一名，当年9月，宁波市慈湖中学校长张才根访问册亨民族中学，签署《宁波市慈湖中学帮扶册亨民族中学意向书》。同年11月，册亨民族中学副校长李志华到宁波慈湖中学挂职学习。2003年，经过黔西南州人民政府综合督导评估团的严格审查评估，册亨民族中学的综合办学水平被评定为优秀等次，跻身全州优秀学校之列。

2002年金秋时节的一个周末，足球场上传来上千名师生的欢呼声："飞了，飞了！""飞上去了。"一架航模飞机，飞上了天空，下面手握遥控器指挥的是名叫张满福的物理老师。

张满福，宁波市慈湖中学物理学科带头人，时任教研组长，是慈湖中学派到册亨民族中学支教的首位名师，也是给册亨民族中学带来满满幸运的福星。他不仅为册亨民族中学雪中送炭，更使册亨民族中学锦上添花。在校支教3个月，张满福老师以其崇高的师德风范、深厚的教学功力、渊博的理论学识、科学的研究方法，赢得了全体师生的敬重，促进了薄弱学科物理组的振兴，引领了册亨民族中学的教育科研工作，他所任教的两个班的学生，更是在2003年高考中取得优异成绩。

在册亨民族中学的100多天里，张满福老师到班级授课、进教研组带徒、在实验室航模室操作、在学术会议上交流指导，以他的实际行动，展示了慈湖中学优秀教师的崇高风范。

在支持册亨民族中学教育的教师中，张满福老师不是第一位，也不是最后一位。据不完全统计，改革开放以来，有近60位省内外名校的专家学者赴册亨民族中学支教讲学、传经送宝。无论是20世纪80年代贵阳六中的特级教师刘国江，还是2000年后的慈湖名师专家组、兴义一中骨干教师群、广州四中专家学者团队，他们都和册亨民族中学的前驱者一样，有着对册亨这方布依热土的深情，满怀着对布依儿女的殷切期望。正是这些发达地区名校名师专家学者的热情支持，使册亨民族中学的教师队伍建设，迈上了崭新的台阶。

艰难困苦，玉汝于成。2003年，册亨民族中学高考异军突起，本科录取近百人（其中一本4人），这是一次历史的突破。册亨民族中学以“育人沃土、文化绿洲”享誉社会，以“教师敬业、管理科学”知名全州。此后，有州内外10余所学校先后前来参观访问。

以教师为根，以学生为本

2003年以始，册亨民族中学进入了稳定发展时期。10余年间，虽然优秀教师时有外流，生源争夺愈演愈烈，但册亨民族中学教育教学工作仍然全面发展，素质教育稳步推进，民族教育特色显著，教学质量逐年提高。2014年高考本科录取287人（其中一本21人），再次刷新历史纪录。册亨民族中学能顶住教育格局大调整、优秀教师大洗牌、优秀生源大争夺的冲击，其根本原因在于，册亨民族中学在校园民主化建设中，抓住了学生和教师这个生存发展的根本。

每逢期末考试，册亨民族中学都有个特殊的考场：教师考场。该考场考生是当天学生考试科目的科任教师，考卷是当天学生考试科目的试卷，监考是校级领导和中层干部，试卷分装在相应班级学生试卷中由教研组统一评卷。评卷结果坚持“三不一自”原则，即学校不公布、不评价、不记录，教师自我运用。学校“三不”，为的是让老师们放下包袱；教师“一自”，为的是让老师们主动发现问题。该制度实施不久，很多老师竟要求学校取消“三不”，原因是老师们的考试分数高了，教学能力提高了；师生之间的理解加深了，学生的学习成绩提升了。

教师考试制度的关键在于教师，通过师生同考，让教师进一步体验考试场景，感受学生的考试心理，发现教学存在的问题，检验自己的教学能力，改进教学思路和方法。

教师考试，考的是教师，关注的是学生，是教学民主的特殊形式。

除了教学民主，在管理民主方面，册亨民族中学还建立了校长接待学生、学生评优公示、学生处分申诉等学生管理民主制度。

册亨民族中学的会议室设有旁听席。凡是学校研究晋职晋升、评优表彰的会议，教职工都可以不经请示而参加旁听。从2008年起，册亨民族中学进一步深化教职工评价制度改革，尤其是在职称晋升、评优表模方面，将推荐制改为申报制。实行相关信息公开发布，教职工个人自主申报，处室委组综合评价，党政工团联席会议审议公示上报，教职工个人自愿列席旁听。

正是这种以教师为根、以学生为本的民主化管理，激发了全体师生的责任感、使命感和主人翁意识，从而使册亨民族中学保持了10余年的稳步发展。

一幅充满希望的蓝图

早在2003年，黔西南布依苗族自治州人民政府综合督导评估团完成对册亨民族中学的评估时，曾向册亨县人民政府建议加大投入，尽快开展册亨民族中学申办省级示范性高中的工作。评估团的专家们认为，册亨民族中学在校园文化、师资队伍、学校管理等软件方面，已经具备申办省级示范性高中的条件。从那时起，在册亨人心目中，就有了一幅示范性高中的蓝图，对一所示范性高中的憧憬。在之后的10余年间，“把册亨民族中学办成省级示范性高中”的内容，虽然曾几度出现在当地政府工作报告里，但终因经济实力的限制，未能付诸行动。2015年，继望谟民族中学申办省级示范性高中成功之后，册亨民族中学申办省级示范性高中的蓝图终于面世。选址、征地、规划、设计、破土、奠基……2018年秋季，按照省级示范性高中标准设计的册亨民族中学新址竣工并投入使用，册亨民族高中教育，将跨进又一个充满希望的新阶段。

40年，册亨民族中学的发展，有春天，有寒冬，有低谷，有辉煌，有历史的机缘巧合，更有规律的不可抗拒。他似那追赶太阳的夸父，执着于对光明的向往。这里记述的，只是他追赶太阳的11个瞬间。

母亲做的布草鞋

◎龙　海

近日整理旧物，从落满灰尘的旧密码箱里发现了我最珍贵的物品。除在部队获得的优秀士兵、三等功、二等功奖章和证书外，还翻出了我内心的珍宝，即母亲做的一双绣花精致、图案漂亮、针线匀称的布草鞋。抱着这双布草鞋，想起子欲养而亲不待，使我泪湿眼眶，回忆起一个个关于鞋的故事来。

从我记事起，母亲就经常用稻草为父亲编织草鞋，父亲穿着草鞋上山砍柴、下河摸鱼，在那一贫如洗的年代，一家人总算从吃不饱、穿不暖的困境中走了出来。

我在家里排行老三，上面还有两个姐姐。在我的记忆中，母亲为了我们3个孩子吃饱穿暖可是付出过代价的。我依稀记得，母亲把饱满的玉米粒用石磨磨成粉，给我们熬粥喝，而她却背地里烤发霉的玉米棒吃。为此，母亲得了痢疾，拉了一个星期的肚子，四肢无力。

随着家境的逐渐改善，母亲便通过做新布鞋来激励我们学习。那是我小学三年级期末考试的头一晚，母亲坐在煤油灯旁穿针引线给我做布鞋。母亲对我说："小海，妈妈今晚给你做好新鞋，你明天就穿着新鞋去考试，希望你考个好成绩。"

"好嘛，好嘛。"我满不在乎地嘟囔着。因为我每年都考全班倒数第一，加上学时有打架斗殴、逃学等行为，让母亲很是操心。而她那时只想用一颗包容和柔软的心来教导、激励儿子，可那时的我不但不理解，还为此变本加厉。

第二天，我在穿着新布鞋去考试的路途中，跟三堂哥玩起了放鞭炮的游戏。头天村里一户人家结婚放鞭炮，我跟父亲去吃喜酒时，顺便捡了些鞭炮，而我捡到的这个鞭炮比大拇指还粗大。我跟三堂哥用一根绳栓起鞭炮，点燃后提着绳放，比比谁的胆量更大。看他提着1个放完没事，我便用左手提着最大的鞭炮，划火柴点燃引信，只听“呲”的一声响，我的右手还没来得及躲闪，便被鞭炮炸伤了大拇指，看着指甲缝里鲜血直流，我吓得哇哇大哭了起来。

三堂哥见惹了祸，他一边胡乱包扎、一边安慰我。我们到学校时，已经临近开考时间了。这时，我的右手拇指已经肿得像个大萝卜头，握不住笔写字了。无奈之下，我只能勉强用左手握笔歪歪扭扭地做试卷。考完试后，老师才带我去诊所包扎。

考试成绩出来了，我又考了全班倒数第一名。学校考虑到我用脚踢伤了六年级一个男同学的脚后跟，以及翻上二楼老师宿舍把被子扔到一楼地上等恶劣行为，决定开除我。

当母亲知道这个晴天霹雳的消息后，平时温婉如玉的她怒火中烧，用手直戳我的鼻梁说：“我给你做新鞋是让你考个好成绩，你倒好，好好看看你考的倒数第一名。”“不读了，滚回来跟你老爹一样种地干苦力。”说完，母亲恶狠狠地使劲用脚踩我掉在地上的成绩单。

那时的我特别逆反，我暗忖：“你们都埋怨我，不读就不读，老子找机会把书扔了。”

为此，我趁父母不注意，跑到家门口的小河边，把书本全部扔到河里冲走。母亲知晓后，走过来“啪”地给了我一记耳光，她扯着嗓门对我喊：“我才去找老师求情，把开除改为转学，你倒好，直接把书扔河里冲走了。”“你是想跟你老爹一样劳碌命，整天面朝黄土背朝天吗？”“你这个不争气的东西！”这一记耳光，是母亲第一次打我。那个年代，母亲多少有重男轻女的观念，平时母亲特别护我，每次父亲朝我举起拳头时，母亲总是把我推到身后，这一次她却狠狠出手打了我，想到这儿，我眼泪哗哗地往下掉，拽着母亲的手说：“我要转学，要好好读书。”

这次转学，使我从一个土墙房的老学校转到用砖块砌成的新学校里读二年级。开学的前夜，母亲熬夜给我做了一双布草鞋。那晚，我清晰记得，村里刚通上电不久，我早早就上床准备睡觉。透过灯光，我看见母亲的双鬓似乎有些斑白，她正挥着一双像松树皮一样粗糙，似乎还有血口子的手，穿针引线，帮我钉布草鞋的千层底，往前一针、往后一针，如此不厌其烦地钉着。突然，母亲“啊”了一声，原来是她不小心，被针刺伤了手指，她随后用口水抹抹伤口，又继续钉鞋底。她的每一针，是如此的疼痛和温暖，疼痛于我的学习不好，又怕小小的布草鞋温暖不了我的小小赤脚。我下床走过去说：“妈，不要做了，早点休息吧！”母亲坚定地说：“为了你能穿上新布草鞋去新学校读书，我一定要做好！”我沉默了，因为我知道母亲认定的事情是无法改变的。那一刻，我终于领悟到母亲的良苦用心，在心里下定决心，一定要好好学习。

离家去新学校上学时，母亲对我说：“如果你的成绩进不了前十，就永远穿着这双布草鞋吧。”母亲的言语里既有一些幽怨和无奈，又藏了不知多少对儿子的心疼。随后，她又急切地说了一句：“你走吧！”就快速转过脸去。那一刻，母亲应该是哭了。

刚开始穿着母亲的这双布草鞋上学时，我觉得它就是一种倒数第一的耻辱。后来我渐渐发现，这双基本不能保暖的布草鞋，是如此温暖，因为它包含着母亲对顽劣孩子的希冀，虽然这希冀是渺茫的，但我也要让这渺茫变成现实。

从此，在新学校的新环境里，我突然像变了个人似的，不再打架斗殴和逃学顽皮，努力学习，尊重老师，团结同学。在四年级的期末考试中，终于得了第三名。母亲知晓后，眼里泛着泪花，颤抖着双手，从箱里子拿出她早就准备好的新布鞋给我穿上。

从我读六年级起，我们乡里就流行起穿白衬衣、灯草绒裤子和白边运动鞋来。母亲对我说：“小海，你喜欢什么？只要你下次考第一名，妈妈一定满足你的愿望。”我对母亲说：“我喜欢白边运动鞋。”

最终，我在小学升初中的时候，考了全镇第一名。这消息在学校和家族中炸开了锅，大家都不相信曾经那个顽皮捣蛋的孩子能考第一。而母亲却高兴得手舞足蹈，她抚摸着我的头说：“孩子，妈妈一定会满足你的愿望。”

为了供我们三姐弟上学，母亲不断种菜卖钱。记得那时，母亲先后种了葱、大蒜、白菜、莴笋、茄子、辣椒等，一到收获的季节母亲就背菜去镇上集市卖。我家离镇上有约15公里的路，那时可以坐1元钱的拖拉机从家里到镇上，可是母亲跟大多数乡邻不同，硬是不坐拖拉机，经常背着五六十斤的蔬菜翻山越岭徒步到镇上去卖。

那是我读初二的镇里赶集天，母亲让我跟她背辣椒去镇上卖。临走时，我拉个“苦瓜脸”跟母亲商量说：“我们俩坐1元钱的拖拉机吧？”母亲摇摇头，固执地说：“你们三姐弟要上学，省一点是一点吧，以前我都是背着走路去的。”看着拧不过母亲，我只好和她早上6点出发，用背篼背着辣椒上路。

从家到镇上赶集的地方要经过两座大山，第一座叫马鞍山，第二座虽然是大山，却叫凉水井坡。翻过第一座大山因为早晨天气凉爽，加上精力旺盛，还觉得没问题。可到了凉水井坡时，一是已走得气喘吁吁，二是此时太阳出来了，加上凉水井坡全长大概1公里，山陡路滑，空手翻越都要歇四五次，到达山顶总让人气喘吁吁、汗流浃背。所以，凉水井坡爬起来可不凉爽。

到达凉水井坡下，我看母亲已是气喘吁吁，她找了个可以倚背篼休息的地方招呼我一起休息。休息完后，我们便开始爬山。

我和母亲弓着背，一步一步往上爬。渐渐的，我因体力不支被母亲甩在后面，我边爬山边往上看。在血红色太阳的照射光影中，我看见了爬山队伍中的母亲，沉重的一背箩辣椒压弯了她的脊梁，急促地呼吸着，不停地拂袖擦汗，艰难地迈着步子。累到极致了，好像上气不接下气的样子，她便抖一抖背系，然后用双手支撑着膝盖往上爬。我担心她稍不留神，便会跌倒，滚到山脚，可是母亲好像越爬越勇，蓄满全身力气似的往上冲。我仿佛看见母亲脸庞血管的跳动，热汗像水一样蒸腾。

慢慢地，便不见了母亲的背影，因为她超越了很多人，艰难地抵达山顶。当我赶到山顶时，看到母亲前额的头发湿漉漉的，脸庞像泪的河床，被满天繁星似的汗珠划出一条条沟壑。母亲对我说："孩子，人生就像爬山，只有付出汗水，勇敢地冲在别人前面，才会有胜利的喜悦！现在太阳不是出来了吗？"母亲说这话时，嘴角露出了会心的微笑。母亲又接着说："今天卖了这50斤辣椒，就可以给你买白边运动鞋了。"

我哽咽着说："妈！我不要运动鞋了，我只想好好读书。"母亲说："孩子，妈妈答应你的一定做到。"随后，我们继续往镇上集市走去。

到了镇上集市卖菜的地方，母亲放下背篼后，我发现母亲的背上已经被汗水全浸湿了，在阳光的照射下，似乎还看见了一圈圈汗水边上的盐在闪闪发光。此时，我泪如雨下，以前的种种顽劣行为在我心里深深地内疚着。

那天卖完辣椒，母亲就实现了她的承诺，带我去买了一双白边的运动鞋。

也就是买了这双白边运动鞋两个月后，母亲病重，再也没起来……

最后，母亲留给我最珍贵的回忆，就是那双布草鞋和这双白边运动鞋。后因为搬家，白边运动鞋竟丢失了。

我从军后又从警，这双布草鞋一直激励我奋发向上，使我在部队年年受表彰，从警后我又先后被评为中国警察网的"十佳通讯员"、贵阳2017年度"贵阳楷模·时代先锋"等称号。

现在，国家强盛了，经济发达了，家里的条件也越来越好了。市场上卖的各种各样的运动鞋、休闲鞋、皮鞋比比皆是，但我还是永远忘不了母亲留给我的那双布草鞋，这双布草鞋成了我一生对母亲的遗憾和内心深处最温暖的角落。

40年改革开放 实现三代人的“中国梦”

◎钟　声

时光如白驹过隙，转眼间改革开放已历40年。40年春风化雨，40年跨越腾飞。作为“80后”，我虽未能见证改革开放大幕的拉开，但却真切感受到了改革开放带来的翻天覆地的变化。逢山开路，遇水架桥，爬山过坎，披荆斩棘，在改革开放的助推下，人民群众的生活日新月异、走向美好。而我家的幸福生活就是改革开放成果的一个缩影，奶奶、父亲与我三代人的中国梦在改革开放中逐一实现。

奶奶的“自由梦”。我的奶奶出生在一个不足300人、拥有20亩土地和1头牛的小村庄人家，就是这样一个勉强解决温饱的贫苦人家土地改革时被划为了“地主”成分，奶奶被这顶“帽子”压了30多年，30多年来，她总是如履薄冰、战战兢兢地生活着，不敢出丝毫差错。1978年12月18日至22日，十一届三中全会在北京召开，此次会议结束了“以阶级斗争为纲”的政治路线，改革开放正式拉开帷幕。而真正让奶奶觉得能够脱下帽子、挺起胸膛做人的时候，就是父亲不再受奶奶“地主”成分的影响，有资格参军了。当父亲胸戴大红花、踏上行军路时，奶奶热泪盈眶、激动不已。直到现在她还经常念叨，感谢党、感谢改革开放实现了她的“自由梦”。

父亲的“强军梦”。2017年7月30日，中国人民解放军举行庆祝建军90周年沙场阅兵式，父亲早早地就守在电视机前观看阅兵仪式，看着威武雄壮的12000多名官兵，300余台新式坦克、装甲车、火箭炮、高炮，100多架战机，比比过去自己在部队的境况，父亲激动得热泪盈眶、倍感自豪。他边看边回忆自己在部队时训练的场景，当时部队的装备条件十分简陋与艰苦，只有56式半自动步枪，抠一下响一下，而且为了节约弹药，都是用空枪进行训练。

中国贵州航空工业集团研制的“山鹰”高级教练机

看着现在国富兵强的中国，父亲骄傲地说，改革开放铸就了一支能打仗、打胜仗的钢铁军队，实现了自己未完成的“强军梦”。

我的“政研梦”。2016年我被抽调到政策研究室跟班学习，起初对于无休止的加班学习、反反复复修改文稿，心中感到十分不解与烦闷。可是，当我被“逼迫”走入山间地头搜集资料，提出的建议策略，得到采纳落实的时候；当我被“加班”不断磨炼出的经验文章，获得中共贵州省委政策研究室的采用并在全省推广的时候，我彻底改变了自己想法。“国之兴废，在于政事；政事得失，由乎辅政。”政研人在制定和执行政策的前线，所做的每份调研、每份报告、每份草案，都有可能成为某个决策的重要依据。作为一名政研人，要肩负起这份以文辅政的责任担当，用手中的笔杆子“画”出的城市新面貌、新发展，用心中的满腔热血实现自己的“政研梦”。

改革开放是当代中国发展进步的必由之路，是实现一代又一代中华儿女“中国梦”的必由之路，让我们在党的坚强有力领导下，沿着中国特色社会主义道路坚定不移地走下去，把改革开放事业传承下去、发展下去，中华民族复兴的伟大梦想就一定能够实现！

繁花深处，盛世回音

汤昔潇

“繁枝容易纷纷落，嫩蕊商量细细开。”公元760年，安史之乱后，落魄的杜甫逃难至成都，在成都西郊的浣花溪畔，独自行吟于锦江江畔，写下了流传至今的《江畔独步寻花七绝句》这组诗。他一定没想到，1000多年后的今天，盛世图卷里的万里花海再度显现；他一定没想到在祖国的黔北腹地，西南深处的云贵高原上，当漫山遍野的红杜鹃染透这片红色热土时，历史用另一种优雅的姿态惊艳了时光。40年的征程，30年的奋斗，不负韶光、不负时代，遵义用姹紫嫣红的盛世美颜勾勒出当今最美的名片。

这是我们一代人的集体回忆，这是我们这代人共同见证的变革。透过历史之眼，透过老区年迈老人的叙述，记忆把我们带回到了40年前。40年，在历史长河中转瞬即逝；40年，也不过是一个孩童长成中年人的短短时光；40年可以很短也可以很长，40年可以很渺小也可以很伟大。短暂在于，那些黯淡贫穷的日子好像还在昨天，漫长在于这个改革的过程持续而渐进，直到整个山区从落后走进了现代；渺小在于，这小小的山村在广袤的祖国版图上似乎没有存在感；伟大在于，它就像一个长开了的大闺女，瞬间惊艳了世界。当媒体的镜头航拍万里花海时，当媒体镜头聚焦这座西南小城时，当壮丽赤水在这里交汇奔腾时，当海内外同胞为这里的美景而赞叹不已时，当现代遵义以一种优雅的姿态出现在众人面前时，作为生于斯、长于斯，和它共荣辱、同呼吸的当地土娃子，我的眼里噙满了泪水，心头涌上一种难言的感觉。

40年前，那个普遍贫穷和落后的年代，温饱和生存是最大的问题，辛苦的劳动人民面朝黄土背朝天，没日没夜的劳作，还是养不活嗷嗷待哺的一群孩子，洋芋荞麦苞谷饭承包了我们整个的孩童岁月。昏暗的油灯下面是缝缝补补辛苦的老母亲，带着锈迹斑斑的顶针，一针一针地纳鞋底、补破衣服，母亲的手在灯影中下上下翻飞，飞快而敏捷，我看着映在土墙上的影子，用手比画着各种动物。那无数个阴雨绵绵的日子，不见阳光的岁月，贫穷就像对面的荒山，光秃秃直白白的没有任何遮掩。吃上一顿美滋滋的白米饭，嚼几块油滋滋的腊肉块是最大的奢望，更别谈过年有新衣服穿，有机会进城去玩。贫困限制了想象，让人寸步难行。

1978年，注定成为历史奇迹的一年，一声春雷惊醒了蛰伏的万物，这年的春雨下得更加繁复而细密，红艳艳的杜鹃，翠绿的竹海，好似比往年更繁密丰盛了些，交相辉映，争奇斗艳。当年的我们并不知道，未来已来，40年后翻天覆地的变化都源自1978年的种种决策，只是依稀能感受到生活的变化。日子好像没有那么苦了，一天一天地迎来了希望和收获。直到后来读书有文化了才知道那是改革开放的发轫与开端，原来我们就是改革开放的亲历者和见证者，历史从来不会抛弃任何一个人，人人参与，人人有数。

记忆最深刻的是近10年里，光秃秃的石坡慢慢披上了绿被，灰蒙蒙的大地上渐渐有了生机。我们看着荒山上种上了各种树木，有樟树、垂柳和一些乔木，绿油油的树苗一年比一年高，直到长得超过我们的身高。明月夜，绿原遍野，过去消失的青山绿水又回来了。生态环境改善之后，科学耕种和试验种地从根本上拔除了遵义农村辛辛苦苦种地、紧紧巴巴吃饭的恶性循环。40年沧桑巨变，我们见证了遵义农村和城区的风云变化，荒山还林、收入增加、村村通电、洁净饮水、村村通路和九年义务教育。赶集的妇女篓子里装回了更多的鸡蛋、鱼肉和新鲜东西，新修的希望小学里是娃娃们红扑扑圆润润的求学脸蛋，洋芋还是那个洋芋，如今却多出了无数种吃法，曾经紧巴巴的菜油现在也可以随心用来炒洋芋了。遵义，就像一个忍辱负重、喜极而泣、焕发新生活力的抖擞汉子，他大步向前，步履坚实而有力。

你可曾知道，被誉为“黔北粮仓”的遵义，30年前还有几个出了名的贫困县。地处黔北，虽然经济总量在省内位居前列，但是，由于以农业为主，农业人口占总人口高达85%，农村贫困面非常大。遵义有4个县被认定为国家级贫困县，分别是务川、习水、正安、凤冈，脱贫任务十分艰巨。后来，国家专门开展了“八七扶贫攻坚计划”，遵义市坚持开发式扶贫，变“输血”为“造血”，在7年的脱贫努力下，农村贫困现状得到了很大的改善。不甘于平庸的遵义人从来不愿把自己打上贫穷的烙印，倔强的遵义人从来不愿安于现状坐山吃山。也许就是骨子里的这把傲娇和干劲感染激励着我们艰苦奋斗。

这40年里发生了翻天覆地的变化，用几句民谣唱出来就是：“荒山变青山，收入翻了番；油灯变电灯，吃水不用担；小病不出村，学校大改观。”普通老百姓可以切身感受到改革开放带来的生活水平提高，收入和教育质量的提高。贫困人口逐年降低，农民实现增收，扶贫攻坚目标初步收到成效。老区农民生活状况得到有效改善，教育和医疗水平的提高促进了人口素质的提高，义务教育的普及和扫盲解决了人们思想认知问题，农村合作医疗让每个人能享有初级卫生保健。遵义，这个红色圣地，见证过党的历史转折，见证过红军的峥嵘岁月，现在沐浴在改革开放的和煦春风里，一路高歌。

在1988年，我们又迎来了改变命运的二次机遇。那一年，国务院正式决定把临近的毕节打造为“开发扶贫、生态建设”试验区。也就是从这一年开始，我们顺道抓住了历史腾飞的翅膀，跟上了时代飞奔的脚步，一路汗水一路辛勤终不负有心人。遵义人硬生生地从黔北的赤贫大山里踏出了一条改革开放的现代化道路。时光若是倒退到三十年前，若从海拔2300米的半山俯瞰下去，可以看到层层圈圈的贫瘠坡耕地。黑瘦的农民在破碎瘦瘠的土地里刨食，一锄锄一下下，坚硬难耕，锄头磕在石头上，砸出了火花和泪花，向天借粮天不应，种下一坡、只收一箩是常年的凄凉光景。灰蒙蒙光秃秃的山坡一片片，满眼尽是丑陋和绝望，好像在嘲笑做无用功的农民。这些都已成为过去，我们不会忘本，不会忘记幸福生活的来之不易。

石上开花，绿满松冈，赤水浩荡，村民的日子有了盼头和指望。这些年经历变化的最大感受就是生态的好转带动经济的发展，原来人与自然一直都是息息相关，人类越是对自然不断索取，肆意破坏，自然就越是用贫穷和荒凉来惩罚人类。直到我们终于参透这个道理，自然也回赠我们以丰收和财富。退耕还林，是用科学发展带动当地经济的最好例子。可喜可贺的是不断恶化的生态环境终于得到了有效遏制，还形成了一个兼具生态、经济、社会效益良性循环的圈子。以往玉米、土豆、荞麦等粮食产量连连翻番，丰收有余，家家过上了小康日子，农民再也不用为温饱问题犯愁了。

脚踩大地，脚下还是那片熟悉的土地，肩扛责任，上下求索，我心向前，植树造林、多种经营、循环养殖、科学种田，用智慧的头脑和勤奋的双手改变家园和故土。农民人均收入几十倍增长，贫困人口直线下降的双重喜报。这些变化，正面写着希望、背面写着展望。40年来，尽管我们取得了一系列喜人的突破和成绩，但新时代的红色老城遵义现在仍处于向更高层次发展的艰苦探索阶段。遵义虽然开辟出了一条新型的发展道路，但可持续发展和科学发展仍是一项重大的命题，仍时时刻刻对我们提出新的要求和挑战。当现实与历史交融在一起时，我们看到的是充满信心和希望的未来。

走进云贵高原，走进多彩贵州，走进红色遵义，我们看到3月的杜鹃花海，连绵的群山上升腾起一片紫红色的雾气，漫山遍野萦绕着醉人的清香，一望无际的壮丽山河，花山与深谷的奇幻组合，映山红和桂花树的梦幻搭配，恍若隔世一般，书写着这段波澜壮阔40年的奇迹。只见千山竞秀，灿若云霞，重峦叠嶂，绵延百里，跌宕起伏，往来的大巴穿梭在高速公路，有条不紊地来来去去。静听风声穿过花海，有一种奇妙的声音在耳畔回响，热情如火焰的杜鹃花诉说着盛放的故事，和煦的春风里尽情地释放心情，舒展筋骨，放飞歌声，在这片神奇而古老的土地上，继续奋斗着，书写下一章的传奇。走入繁花深处，步履轻快，脑袋里装着创意和思路，心中涌动着激情与梦想，大步向前，走向未来。

贵州，你在发展，我在成长

文 黄福佳

小时候经常听到长辈们谈笑间对家乡——贵州的自嘲，却从未在意。

因为，在父母的爱护中，少年从不知愁滋味。

因为，蓝天、白云、高山、河流、田园、小院……无限风光尽收眼底，少年自由自在。

贵州，你知道吗？我感到欢乐。

“贵州的，可以优先申请贫困生。”

高考顺利考入西南XX大学，学院辅导员热心地递来贫困生申请表。面对学院的“优待”、外省同学的“羡慕”，初到外省大城市的欣喜顷刻消散，长辈们的自嘲不经意就浮上心头，竟有千斤沉重，那是一种很奇妙的感觉，好像忽然之间，竟懂得了生活的轻重。

贵州，你知道吗？我感到伤感。

“贵州的，不行。”

课堂上，中年女教师呼吁同学们报名与外国留学生交友，当留学生在课外时间的一对一汉语教员。我积极去报名，中年女教师没有问成绩、特长、兴趣爱好，仅问了句户籍，然后回道：“贵州的，不行。”

课堂上，中年男教师邀请同学们报名到公司去实践。我积极去报名，中年男教师没有问学业情况、实习经历、能力特长，仅问了句户籍，然后回道：“贵州的，不行。”

…………

震惊、讶异、莫名其妙。

贵州，你知道吗？我感到恼怒。

贵阳龙洞堡国际机场T1航站楼和T2航站楼珠联璧合

“贵州的，没想到啊。”

我不是跑最快的，但我不是停滞的；我不是最聪明的，但我不是懒惰的。大学本科毕业时，我成为班里唯一一个考研进入211、985高校（XX电子科技大学）的学生。老师、同学们的赞叹，努力得到肯定的激动，全都放在了心底。

贵州，你知道吗？我感到平静。

“贵州的，干嘛回贵州？”

硕士研究生毕业，我选择了回贵州工作。

同学们不解，不停地劝说：“高考辛苦出来，学成不争取出国也就算了，怎白白放弃在大城市发展的机会？况且父母都为你在成都买了房，何苦再回落后的贵州？”

同事们不解，为何堂堂名校硕士研究生、又无经济和家庭压力，偏要回贵州，自愿到贫困、偏远的乡镇政府文化服务中心工作？而且还只是事业编制小职员待遇？

故乡穷困，谁会离弃，另攀高枝？故乡待建，谁远学不是为回报？

贵州，你知道吗？我感到坚定。

“贵州，绿水青山。”

习近平总书记视察贵州时，对贵州的发展给予了极大的肯定。近年来，在党中央的大力扶持和兄弟省份的热情帮助下，贵州人民顽强拼搏，迎来旧貌换新颜：首个国家大数据综合试验区在贵州落地，世界最大单口径射电望远镜——FAST在贵州建成，西部地区第一个“县县通高速公路”目标在贵州实现，“多彩贵州”品牌享誉国内外，蓝天、白云、自然纯净的空气让游客神往……随着经济社会的发展，文化产业、信息产业等迅速崛起，贵州曾经的工业短板，如今不再遗憾，反而是一种庆幸，贵州没有工业遗毒、没有污染、没有生态损毁。

“金山银山，不如绿水青山。”贵州人文历史、自然生态资源丰富。贵州人民勤劳好学、善良正直、朴实勇敢。贵州取得的成就举世共睹，贵州后发赶超的趋势日益凸显。

贵州，你知道吗？我感到骄傲。

“贵州，一定要带我们去看看。”

我在乡镇基层磨砺好些年后，经人才引进到市文化馆，长期从事文化研究。近年来，顺利评上高级职称，在“黔中英才”文化人才培养计划中，有幸得到市委组织部和市文广新局联合选派到高校，脱产一年学习文化产业。

课堂上，教授们用“多彩贵州”作为国内文化产业经典案例来讲学，用“中国天眼”来展示国际领先的科技发展，用贵州多元民族来强调文化资源的丰富，用贵州自然风光说明宜居的生态；外省的同学们纷纷表达想到贵州游学、投资以及创业的意愿。

贵州，你知道吗？我感到喜悦。

“我是贵州人，我在贵州工作，我在贵州生活。”

我始终记得母校的座右铭——拒绝平庸、追求卓越。

追求卓越的道路上，我从不停息。

但是啊，心中的卓越，从来就不是当多大的官，不是发多少的财，不是开多豪华的车，不是住多高档的房。

我所理解的卓越，一直很简单，就是做自己觉得对的事。

谁不曾年少踌躇满志？谁不曾意气风发，立大志干一番惊天动地的事业？但是啊，不是每个阵地都需要轰轰烈烈的英雄壮举，就算是耀眼的万丈高楼，也需要由一块块不起眼的砖头砌成。

我相信，每个沉默的汗滴总有意义。

贵州，你知道吗？我感到无悔。

“贵州改革开放40年，我奔四。”

“男人四十一枝花呢。”我学会了长辈们谈笑间的自嘲。是的，不惑，心底从容！

遥望来时的足迹，当年贫瘠的你已不再，当年懵懂的少年已不再！

贵州，你知道吗？你翻天覆地的变化，我一点一滴在感同身受。

“多彩贵州……山水贵客……我在贵州等你……”

那些歌声悠悠扬扬，沿途相伴，仿佛让人忘记一切，也让人想起一切。

明明昨日，恍如隔世！

“天行健，君子以自强不息……”

——致时光生生不息的流淌！

——敬生命中的冲动、隐忍、彷徨、坚定、消沉、奋进、眼泪、欢笑、苦楚、喜悦、失去、得到！

感谢父亲的那顿竹鞭

文 甘杰学

从我记事开始，父亲给我的印象是不爱说话，而且非常严厉，甚至严厉到不可理喻的地步。6岁时，我便开始放牛。放牛回来稍微早点，父亲要骂人；放牛和大伙一道回来，父亲要骂人；割草的背篼装不满，父亲要骂人；甚至看见牛吃不饱，父亲也要骂人。看到书包里装有小画书、自制玩具等，父亲都不会放弃一次骂人的机会。总之一句话，父亲常常因为一些小事而动怒，挨父亲的打骂是家常便饭，实在记不清楚被揍过多少次。但是，唯独有一次，父亲确实是往死里狠狠地揍了我一顿，让我至今仍然惊恐万分。

7岁时，我进入村小学开始我的求学之路，我的学习成绩没有让父亲操过心，年年“三好学生”，很快我就以村小第一名的优异成绩被区中学录取了。20世纪90年代初期的木咱中学，瓦木结构、沙石墙，低矮的教室，破烂的木窗上没有一片玻璃。到了冬天，班里每人出1块钱，买白色的塑料纸用钉子钉上抵御刺骨的寒风。第二年春天，同学们就把塑料纸撕掉，调皮的同学趁老师板书时就从窗户跳出玩乐去了。特别是英语课，一节课下来，50多人的班级里只有20多人坐在教室里。由于没有基础，实在听不懂英语，不久，我也开始逃学。后来，不知这事怎么传到了父亲的耳里，有个晚上，我被父亲叫到跟前挨了一顿揍，还罚跪了近两小时。被父亲教训后，学习上我仍然不思进取，白天上学循规蹈矩，晚饭后就在昏暗的煤油灯下装模作样的复习功课。父母因农活操劳，八九点就睡觉了。等父亲睡熟了，我就溜出去同村里的小伙伴去偷别家的水果，将“战利品”分享后，再悄悄地潜入家里睡觉，不偷东西的晚上就相约几个村里同龄伙伴串门吹牛。刚开始我怕父亲发现，晚上11点左右必须返家睡觉，第二天早早起床把水缸挑满就去上课。一晃半学期过去了，我暗自庆幸自己的行为没有被父亲发现，愈发胆大起来，有时候彻夜不归。

1992年，中考时间临近，父亲把我留在家里复习功课，早早就去插秧了。看了一会书，我就拿起自制的笛子吹奏起来，一曲又一曲。我忘乎所以，悠扬的笛声穿过窗户，飘到在家门前田坝里插秧的父亲耳里。我正沉浸在自我陶醉的美梦中，不知何时，父亲悄悄走进屋里，二话不说，从我手里夺过笛子，往我身上、大腿上就是一阵猛抽，直到笛子被打成竹片，我的臀部和大腿青一块、紫一块的。又一个周末下午，五个同学相约在我家里打牌玩耍，正当玩得高兴之时，父亲干完农活回来，见此情形，放下农具，往我脸上“啪啪”就是两巴掌，把同学们都吓跑了。

晚饭后，父亲严厉地说：“你们几姊妹读书，每年的费用要二三百块钱，好多人家都不供娃娃读书了，你们要是在中学考得起学校你们就读，考不起就不要怪我这个当爹的，我是没有能力供你们读高中，特别是你。”父亲提高嗓门，将竹鞭指在我的脑门上。

父亲是这么说的，也是这么做的。成绩、家务事得到父母高度赞赏的哥哥，在那个“千军万马过独木桥”的年代，目标定在非省外中专不读。可惜初三补习了两年后，还是没有考上省外中专，安龙一中向他抛出了橄榄枝，可免一年学费就读高中，但是考虑还有书费、租房费、生活费等开支，父亲没有点头，大哥伤心之余外出了。之后，父亲便把培养目标放在我的身上，希望我能考上学校，光宗耀祖，于是在学习上更加严格要求我。现在想来，父亲为他当时那个决定可能有些后悔。要是哥哥有机会读高中的话，一定能改变他这一生的命运。在当时的那种条件下，父亲确实无能为力的，因为那时候还没有助学贷款，没有免费的义务教育，没有一粒多余的粮食，没有任何经济来源。哥哥没有考上学校，成了父亲最难过的事。

中考结束后，我以为可以放松一下了。一个月明星稀的晚上，我彻夜未归，天蒙蒙亮时匆忙赶回家。刚推开房门，洪亮的声音从阴暗的屋里传了出来。

“你去哪里了？老子盯你好久了，考虑到你要考试了，才没有打你。”

“厕所！”我狡辩道。

“老子整整守了你一个晚上，早就发现你的问题了，只是还没有到忍无可忍的地步。”父亲的眼光在黎明昏暗光线的映衬下，变得凶恶可怕。

啪啪……父亲两个耳光狠狠地扇过来。来不及躲闪，我的脸上像被10个钩子剜了一样痛。

见势不妙，我拔腿就跑，父亲抡起藏在背后的竹鞭追上我就是一顿抽打，暴风骤雨之后，我霎时感觉天昏地暗，半天才喘过气来，脑袋里像有一窝蜂嗡嗡地叫，两眼直冒金花，鼻子也流出血来。

被父亲那顿竹鞭抽打之后，我想逃离这个家庭，但是始终下不了逃跑的决心，不知道跑到哪里啊！事后，我非常憎恨父亲，恨他下手太重，以致我的身体一个月后都还感到疼痛，背后的竹鞭印迹依然清晰可见。

1992年中考，我没能考上中专。同年8月初，我被父亲安排到昆明良亭轧钢厂去打工。那个厂里有我的亲舅父（参加“抗美援越”战争，复员后安排在昆明凉亭轧钢厂派出所工作）和亲幺舅（技术员）。在舅父的安排下，我进入车间工作。一个月后，实在吃不了那份苦，被舅父骂了一顿，打起背包就回家了。

回到家，又被父亲同样骂了一顿。父亲问我回来干什么，我低声说，我想读书，父亲狠狠地说：“现在想读书了？你别做梦了！”

1992年秋季开学，我重拾书本，走进了校园。经历了一年复读，又经历一次失学的磨砺，我没有以前那样浮躁了，更加珍惜难得的学习机会，抛弃了所有的私心杂念，每天强化古诗词的背诵、数理化的操练。皇天不负有心人，1993年7月中考，我终于如愿了，露出了难得的笑容。

1996年7月，我以优异的成绩毕业，同年9月被分到乡镇的中学，开始了我的执教生涯。那年春节的一个晚上，父亲把我叫到跟前，细细说起了他伤心的往昔。

原来，在1963年的时候，18岁的父亲被派到贵州盘县（现盘州市）参加清账目、清仓库、清工分、清财物的工作运动（简称“四清”）。工作中，他得到党的培养和教育，勇挑重担，脚踏实地做好本职工作。“四清”运动结束后，父亲被安排在邮电所工作。那时候，父亲是当时村里为数不多读过书的人，能写一手好毛笔字。结婚后，村里的“红白喜事”，主人家经常请父亲当总管。他很会划拳，酒量很大，在那个食物相对匮乏的年代，总管是很令人羡慕的。由于父亲性格倔强、清高，被人诬告丢了工作，便做起了泥瓦匠，默默扛起家庭责任，精心哺育我们四姊妹。在我们四姊妹上学的那些年月，家里无任何经济来源，家里光景是一年不如一年，眼看都要沦为叫花子了，想想自己曾经还有一份体面的工作，受到群众的尊重，看看现在这个失魂落魄的样子，不由悲从心来，我哥没能考上学校，加上我的不思进取，父亲时常独自在深夜哭泣，感叹命运的不公。谁也不能体会父亲心中的苦楚，谁也无法明白父亲是如何撑过来的。久而久之，自然不能控制好自己的情绪，家庭琐事更容易引得父亲动怒，在那样的情况下，就狠狠揍了我好几顿。

父亲一直没把他心里的苦楚告诉我，是我们那时候年幼无知，不理解父亲望子成龙的迫切心情。

听到父亲如怨如诉的往事，看着父亲眼里噙着泪水，我心里突然释怀，一下子竟泪流满面，扑倒在父亲的怀里失声哭了起来。一次次被父亲揍过的情景在我脑海里不停翻滚，一切仿佛都发生在昨天，身上似乎还能感觉到隐隐阵痛，但这种阵痛正化为一位父亲对子女默默的关爱。

20年间弹指一挥，花有重开日，人无再少年。燃烧的岁月已将父亲的青春焚尽。感谢父亲20年前的那顿竹鞭，没有当年父亲的严格教诲，我可能早就成了亡命天涯的落寞人了。

今年，父亲七十有三。他常说，改革开放40年，让他感受最深刻、体会最温暖是学校。当年的学校，大多是瓦木结构，破烂的桌椅，破烂的黑板，学校多是危房，困难家庭都上不了学。现在不一样了，无论在乡镇还是城市，学校环境大都得到了改善，困难家庭的孩子上大学有助学贷款，农村义务教育学校实施营养改善计划和“两免一补”，再也不用担心孩子上学的困难和生活问题。父亲感慨地说：“要是当年有现在的条件，我们家至少要出两个名牌大学的大学生！”

改革开放40年，也是我成长历程的40年。从农村小孩到城市公职人员，是我人生的华丽转身。当年留在家乡为了生活而起早贪黑的父老乡亲，现在每天早晚都会在村里广场上跳广场舞。当年那高不可攀的“长田坡”已成了汕昆高速的桥墩。当年泥泞难行的出村山路，早已变成了村民通向幸福生活的康庄大道，路两边一年四季开着白色、黄色、红色等各色妖娆艳丽的花朵。当年那道清澈的泉水依然还在静静地流淌，见证着村庄的变化。这一切变化，我都深深地迷恋，不仅因为那里有生我的父母，还因为这些变化。是见证改革开放40年巨大成就的一个缩影。

遵义市新蒲新区新蒲小学新建运动场

有缘大学40年之5个“8”感怀

◎ 彭一三

1977年是中国大学招生最有划时代意义的一年。这一年，奏响了中国改革开放的序曲，改革开放自教育始，自恢复高考始。1977年秋季，国家决定恢复高考，贵州于12月15日起开考，被录取者于次年春季入学。我以勉强的初中底子同等学力报名参加高考，1978年4月进入遵义师范专科学校（现遵义师范学院）中文科带薪学习。我是带薪学习，在原单位曾经写过入党申请书，进校后经领导、老师动员，我又递交了入党申请书。当年底，十一届三中全会召开，举国上下都组织学习领会三中全会精神。党组织对申请入党的积极分子也提出了要求，要写出学习三中全会精神的心得体会和思想汇报。十一届三中全会召开，改革开放的号角正式吹响了，“抓纲治国”被“以经济建设为中心”所替换，我们1977级学生珍惜来之不易的入学机会，以饱满的热情只争朝夕地刻苦学习。1979年毕业后，绝大多数人都奔赴教育岗位，在教学实践中拼搏，成为教学骨干。有的后来转行，也成为公务员行业的佼佼者。

1988年，我又参加大专起点的成人高考，脱产进入贵州教育学院（今贵州师范学院）学习，最后补足了大学的完整文凭。1978年，我进入师范学校学习，是改革开放的起步。时隔10年，我又重返大学校园，“8”这个年头，在我青春年华的宝贵时期，烙下了深刻印记。我在贵州教育学院参加庆祝新中国成立39周年征文活动中，以《“憨”的思绪》为题，写出我对人生经历的感慨。文章大意是说，有人议论我本来在银行工作已经很好，去读什么师专；后来在学校干得很好，入了党，被列为培养对象，正值是经商大潮，有在银行工作的经历，可以下海赚大钱，更何况还有幸被聘为驻局特邀监察员，以及决定把我调入机关。总之，身边的人都说我“憨”。可是我在文章中说，每一次“憨”的抉择，对我来说，都得到了充实，而且很有收获。贵州教育学院是我人生旅途的加油站，待我调整充实后，我开足马力，鼓起风帆，沿着光明的航向，乘风破浪，一往无前。

1990年，我毕业后从当高一班主任开始，在教育系统工作多年1998年10月被选送到上海市委党校培训学习，这又是一个“8”的深刻记忆。结业时，我经过认真思索，结合平时工作调研积累，提交了题为《从解放思想、实事求是出发，谈我区学校布局调整的设想》的论文。当时有的办学规模大的企业为了松绑，主动对接可以“陪嫁”几百万的经费。随着国家政策的调整，厂矿企业办学全部走接收之路，自然就没有“陪嫁”的事了。总之，现在回头看，更有亲切和沧桑之感。

2008年是神州大地悲喜交加的一年，汶川大地震惊世骇俗，奥运成功举办、国运恒昌，中国改革开放30年证明发展才是硬道理。我们切身感受了衣食住行条件的改善，生活质量的提高，特别是通信、交通、传媒的发展，让我们过上了当初完全意想不到的幸福生活。

40年，我们还经历了从马列主义、毛泽东思想到邓小平理论、“三个代表”重要思想、科学发展观、习近平新时代中国特色社会主义思想等一系列理论承继发展的历程。我们除了享受到物质生活的幸福美好之外，还享有了精神上的充实与放松。

回想自己有幸成为恢复高考进入大学的第一批大学生，转瞬已40年了，我们的同学除了个别年龄偏小之外，绝大多数都已退休。当年因为种种原因，遵义师范专科学校77级中文科有一批同学进校报到晚了30多天，需要从第一批进校的学生中补充14人到新班组成中文二班。中文科支部书记郁行通报了信息并作了动员，希望同学们自己报名到二班去；如果没有人报名就直接安排人过去。我那时就有意识，想多交朋友，因此我就主动去了二班。毕业后的几十年交往，我特别注意不过多地提一班二班，都是一级的同学，1个大班中文班的同学，两个班都有引以为傲的同学，我们的友谊情感很深厚，

77级中文班是强大的整体，是我们的骄傲。2017年12月15日，77级中文班同学在遵义师范学院新校区开展了纪念恢复高考40周年的活动，还出了本纪念文集——《我的高考　我的大学》，社会反响很好。

与大学结缘40年，2018，又是一个“8”，我人生经历的黄金5个“8”，见证了改革开放的新时代步伐，我和我的同学以及同龄人，共同谱写了时代乐章，共同放射了时代光华，我感到荣耀，虽然其中有奋斗的曲折和艰辛，但我无怨无悔，今后的日子，追求健康，文化养老，依然要保持乐观向上。

1993年，《中国教育改革和发展纲要》提出：在20世纪末，全国基本扫除青壮年文盲，使得青壮年文盲率降到5%以下。图为贵州省少数民族扫盲学员在学习

沐浴在改革开放的春风中

◎高　琴

到2018年，中国改革开放了40年。40年艰苦奋斗，40年沧海桑田！

和全国一样，贵州大地也发生了前所未有的发展变化。从粮票、布票所代表的商品短缺，到淘宝、美团电商平台所代表的物质极大丰富；从低矮的茅草房，到不断刷新高度的摩天大楼；从鸿雁传书的情感倾诉，到互联网的视频沟通……方方面面的变化，我们都亲身感受。

当1978年迎来改革开放的春风时，我恰好进小学一年级读书。还记得那时候每个孩子去学校的第一天都要自带一条小板凳、一张简易小课桌，还要写上自己的名字。如今改革开放已经稳健走过了40个春秋，我也正值不惑之年。所以我不假思索地说：我与改革开放共成长。

改革的春风吹进了千家万户，也吹进了我的家。土地承包后，我家开始种植烤烟，虽然每年收入不多，但是收入和支出基本持平。我们一家的温饱问题基本解决。每到赶集的时候，我们还有几毛零用钱。爸爸还买了台收音机，为了让邻居们也听得见，爸爸还在房檐下挂了个小喇叭。40年了，让我听了后记得最牢的相声是："红萝卜，蜜蜜甜，看到看到要过年。"其实这预示着我们的日子每天要像过年一样甜。

那时候最喜欢看电影，只要听说哪个生产队要放电影，我们非去不可。记得有一次为了看电影《东方旭》，我们走了将近1个小时的路，终于到达了目的地，可才看了十来分钟，电影播放机就坏了。我们就在那里等啊等啊，终于又可以看了。哪知只看了十来分钟，又坏了。可我们还是不厌其烦地等着。估计又等了1个多小时吧，放电影的人却说今晚修不好了，让我们都回

贵阳夜景

家。我们才带着遗憾依依不舍地离开。然而，2018年5月20日晚上，我们乡的广场上也放电影，电影在晚上7点就开始了，要是在20世纪70年代，这广场上早就人山人海。可如今看电影的人却寥寥无几。不是电影不精彩，而是现在家家户户有了电视，几乎人人有了手机，谁还稀罕看这玩意儿呢？

改革开放刚开始不久，人民生活就已经起了很大的变化。我们家年年种烤烟，虽然没有太多存款，但家里着实有了很大的改观，我们家陆续盖了新木房，购买了电视机、缝纫机、洗衣机……虽然家庭条件不断有了好转，但爸爸时时告诫我：“孩子，一定要好好读书啊，干农活实在是太辛苦了。现在党的政策好，我们家终于像个家了。”

1995年，师范毕业后我被分配到启蒙小学任教。带着青春的理想与满腔的热血，从一个校园踏入另一个校园，从学生变成了老师。那昔日坑洼低矮的木房教室早已变成了漂亮的两层砖房，教室既宽敞又明亮，桌椅摆得整整齐齐，操场全是平整的水泥地面。再也不是当初的“天上明晃晃，地上水凼凼”了。唯一不变的是教学楼门前那棵苍翠挺拔的大槐树。那些现在的学生好幸福啊，他们已经不知道我们小时候自带课桌的事了，学校也不再有边种地边教书的民办教师了。我读小学时，90%的老师是民办教师。然而那些教我们的民办教师早已沐浴了改革开放政策的春风转为正式教师了，他们对祖国、对党充满了感激，做好辛勤的园丁，为祖国培养栋梁之材。

毕业参加工作时，每月工资182元，两年多的省吃俭用，终于还清了读书欠下的外债。我也有了自己的家庭，我们买了一辆嘉陵车，总算解决了出行不便的问题。两年后，我们家添了小宝贝，嘉陵车载动不了一家3口，我们又重新买了一辆摩托“南方125”，在当时算是小有名气。孩子3岁时，我们一家人到贵阳黔灵山公园去玩。一路上，除了欣赏风景，孩子的话让我记忆深刻。孩子说：“妈妈，贵阳的房子好高啊，车也很多，要是我家也能住上这样的房子，爸爸开着这样的车，那该多好啊！”在这20年中，教师的工资涨了又涨，翻了一番又一番，现在将近七八千元了。没想到我们也能住高楼、开小车啊！你说，这好好的待遇，我们做教师的有什么理由不好好教书呢？

在改革开放的春风吹拂下，2010年后，校园也发生了翻天覆地的变化，教室里全是多媒体教学设备，教师用电脑办公，有专门的音、体、美教室……真是应有尽有。学生的待遇也很优厚，从免书费到全免费，甚至乡下的学生还吃上了免费的午餐。前几天，还有好心人为我们全校340名学生做了一套免费的校服呢！

回顾我的成长历程，从小学到中学、师范，再回到学校成为一名教育工作者，整整40年，恰好是祖国改革开放的40年。改革开放的这40年，我们目睹并体验了这翻天覆地的变化。我们成了时代的见证者。改革开放40年，我有幸与你同行，我会不忘初心，我会继续前进，为改革开放出力，与改革开放一起成长，见证祖国更大的辉煌。

蜗牛的春天

谢全霞

夜静悄悄的，风呼呼的，雪花随风飞舞，飘落到贵州深山里的农家小院里。一个叫蜗牛的小男孩，正听妈妈讲着关于蜗牛的故事：“从前，有群蜗牛住在一棵鲜嫩多汁的卷心菜上，它们驮着自己的房子，慢悠悠地爬来爬去……”蜗牛甜甜地睡着了，蜗牛妈妈叹了口气，也睡了。她做了个梦，在梦中，她变成了只背着重壳的蜗牛，正在艰难地爬行。

不知过了多久，蜗牛妈妈从梦中醒了过来，她心里好像压着一块石头似的，堵得慌。她看了看天色，离天亮还早着呢。一阵冷风吹进她破烂的家，她裹紧了被子，还是觉得很冷，她多想再睡一会儿呀！可是，她得起床把猪食煮好，天亮后才有时间去干农活，每天如此，今天也不例外。即使今天很冷，她也得起来呀。她一边烧火煮猪食，一边想：“等过几天把这6头猪杀了，卖个好价钱，孩子他爸的医药费就有了，孩子们的学费也有了。”想着，想着，一丝笑容浮现在她饱经沧桑的脸上，在火光的照耀下闪闪发光。

天亮了，蜗牛起床到猪圈上厕所，他惊讶地发现平时让他害怕的6头猪一动不动地躺着，他觉得很奇怪，赶紧叫来了妈妈。蜗牛妈妈来到猪圈，她看了看、摸了摸猪，眼泪无声地流淌着，她喃喃自语道：“昨天才只是发热，今天怎么全死了。”听到妈妈的喃喃自语，蜗牛赶紧喊来爸爸及姐姐们，他们赶过来一看，全傻了。一夜之间，全家人的全部希望就这样没了，蜗牛一家忍着剧痛，踩着厚厚的积雪，把6头死猪埋在了树林里。寒风呼呼地吼叫着，像在给不幸死去的猪奏哀鸣曲，又像在给蜗牛一家唱哀伤的歌。

日子一天一天地过去了，春天来到了蜗牛生活的小山村里，树枝吐出了新芽，小草探出了嫩绿色的脑袋。红红的桃花笑着跑来了，黄黄的油菜花笑着跑来了，白白的梨花也笑着跑来了……蜗牛开心地在花丛中跑啊，跳啊，玩累了，他跑进家里，对爸爸妈妈说："春天太美了，你们快出去看看，我真希望春天永远留在小山村里。"

蜗牛爸爸、蜗牛妈妈抬头看了看外面，他们没有看见春天，寒冷的冬天已经进入了他们的心中，任凭他们苦苦挣扎，始终无法摆脱。"快开学了，到哪里去弄孩子们的报名费呀？"蜗牛妈妈哭着说，她一边说话，一边想起了那个变成蜗牛的梦，她感觉身上的壳越来越沉，压得她都快要透不过气来了。蜗牛爸爸拖着虚弱的身子，小声地安慰道："不要难过，咱们想想办法吧。"

还没等想出办法，还没有等到开学，在一个春雨绵绵的日子里，蜗牛爸爸永远地闭上眼睛了。蜗牛妈妈没有哭，她的眼泪早哭干了，她紧紧地握住孩子们的手，她又一次想起了那个变成蜗牛的梦，她感觉自己背上的壳已经变成了世界上最大的房子。尽管如此，她也得缓慢前进，走一步，再走一步……

开学前一天傍晚，蜗牛家响起了咚咚咚的敲门声。蜗牛打开了屋门，身为党员的村长走进屋里，他微笑着说："乡亲们知道你家的难处，纷纷慷慨解囊，凑够了孩子的学费，你们拿去用吧。"村长临走前，摸了摸蜗牛的头，语重心长地说："你要好好学习，别辜负了大家对你的期望。"蜗牛点点头，他暗暗发誓："一定要好好学习，以后要报答乡亲们。"就在这时，他突然想起了妈妈给他讲的蜗牛的故事，觉得自己就是故事中的蜗牛，尽管身上背着沉重的壳，但也要为了"让春天永远留在小山村里"这个梦想而努力拼搏。

时间过得真快，在乡亲们的帮助下，一晃蜗牛就大学毕业了。在改革开放的浪潮中，处处充满了机会。蜗牛来到有许多机会的广州闯荡，他先是租一个门面卖服装，赚到了第一桶金。后因经营不善，他负债累累。身背重壳的蜗牛，咬着牙想："我绝不能低头，我一定要东山再起。"好在国家政策支持创业，在朋友的帮助下，蜗牛顺利地申请到了银行贷款。他用这笔款办起了养猪场，他的生意越做越大，赚的钱越来越多。

蜗牛没有忘记自己的誓言，他花钱给小山村修建了果园、花园、植物园、动物园，给乡亲们修建了马路，修建了房屋，修建了学校，修建了医院……

冬天又到了，在一个大雪纷飞的日子里，蜗牛带着他的孩子来到了阔别已久的家乡。尽管已经是冬天了，但以前的那个小山村仍然处处充满春天的气息，空气中弥漫着花的芬芳，村中到处都有鸟儿婉转动听的歌声。蜗牛见到了妈妈，他发现以前那个总是佝偻着腰、低着头的妈妈不见了，站在他面前的是一位精神矍铄、行走时健步如飞的妈妈；蜗牛见到了乡亲们，他发现乡亲们的脸上洋溢着幸福的味道。"多么美好的情景啊！"蜗牛不禁赞叹道。他想："春天真的永远留在了小山村，我儿时的愿望终于实现了。"他一下子变得身轻如燕，快乐得像要飞起来似的。

晚上，蜗牛妈妈和蜗牛给孩子讲关于蜗牛的故事，蜗牛妈妈讲故事的开头："从前，有群蜗牛住在一棵鲜嫩多汁的卷心菜上，它们驮着自己的房子，慢悠悠地爬来爬去……"蜗牛讲结尾："后来呀，改革开放的春风吹遍了大江南北，在党和国家的帮助下，蜗牛们永远生活在春天里，它们放下了大房子，感觉舒服了很多，从此它们过上了幸福快乐的生活。"听完故事，蜗牛的儿子说："我长大了，也要永远生活在春天里。"听到孩子稚拙的语言，蜗牛妈妈笑了，蜗牛也笑了。

总有那么多人生第一次值得铭记

文 李 琰

1993年11月11日至14日，中国共产党第十四届中央委员会第三次全体会议举行，全会通过了《中共中央关于建立社会主义市场经济体制若干问题的决定》。那年我十岁，读小学三年级。一天，语文老师正带领我们诵读课文，忽然从教室扩音器里传出声音，通知各班立即到操场上集合，有重要活动需要参加。

时至深秋，天空中飘着雪花，千余名师生排成两列纵队，走上街头。我们每人手中举着一面小红旗，边走边高呼口号："热烈庆祝党的十四届三中全会胜利召开。"那是我人生中第一次参加游行，还不明晰全会的决定将会给我们的生活带来怎样的巨变。转眼又送走25载，往事历历在目，人生总有那么多的第一次值得铭记。

第一次知道什么是下海缘于父亲。那时我刚刚上小学五年级，当时街头巷尾人人议论下海，在那个全民经商的年代，懵懵懂懂的我，总是听到父母在谈论下海、讨论生意，我好奇地问母亲什么是下海，母亲告诉我，下海的意思就是父亲想让我们家变得更好，想让我接受更好的教育，吃得好、穿得暖。虽然当时没有听懂，但是过了没多久，每天的雪糕、零花钱让我小小的内心空前满足，现在想想父亲还是很有商业头脑的，父亲抓住了国家改革开放的机遇，让我们小家庭提前享受接近小康的幸福日子。

第一次感受搬迁。20世纪80年代，我、父母和外公外婆，五口人挤住在一间只有40平方米的平房里。每天晚上我睡在桌子上，这一睡就是10年。当年家里没有像样的厨房和厕所。每当做饭时，不满40平方米的房子里总是乌烟瘴气，现在想想有点像今天的"五毛特效"。提起上厕所就更不方便，厕所是外面的公用厕所，5户人家共用，晚上还好，最难的是早晨，孩子们急着要上学，经常为抢厕所闹出笑话。这样的生活一直持续到20世纪90年代初。1994年，我家分到了一套近80平方米的三居室。搬新家那天，来了许多人参观，母亲的脸上挂满了笑容。从那时起，我彻底与睡了10年的桌子告别，第一次拥有了独立房间，再也不用为抢厕所而睡不好了。

第一次冲浪上网。1997年，我14岁，一天我的小伙伴神秘地说，带我去开开眼界、长长见识。那天他把我带到了一个小房间，房间里有5台计算机，小伙伴不遗余力地给我介绍计算机及软件游戏的使用方法，那是我第一次接触网络，那时候的QQ还不叫QQ，而叫OICQ。从此以后，我拥有了第一个QQ号，开始玩人生中第一款游戏……时至今日，网络的发展已日新月异。今天的我，已经成为一名网信工作者。贵州的快速发展让我明白科技是第一生产力，是科技发展带给我们全新的生活。

每个人的人生都有太多的第一次，我们第一次网购，第一次网上订票，第一次坐高铁，第一次接触大数据，第一次享受“互联网+”的新生活……没有不可能，只有无限可能。我庆幸自己成为改革开放的受益者，庆幸与同龄人一起见证了祖国改革开放带来的新气象、新事物！

如今迈入新时代，我们将不断被人生的第一次冲击，每一次都不是突然而至，顺应时代，融入社会，鹰击长空，鱼翔浅底，只要我们努力，梦想变现实就有可能！

桥

梁海红

毕节市织金县茶店乡有一条河，叫六圭河。30年前，六圭河上有座石桥；30年后，这座石桥不见了。

——题记

走过的不是钟点的嘀嗒声，是春花秋月的脚步。

我身旁只有两个人，一个是我的父亲，还有个是我的向导小罗。

这里的风很小、很润，我甚至害怕它不能掀揭我的回忆。我奔流了30年，已经是个很大的伤口了，我需要回忆来抚慰。无法辨认眼前的故乡——茶店是不是变了，很明显的是六圭河上的石桥不见了。不知道父亲能不能分辨，因为他也离开30年了。

我想他应该比我迷茫，他都不敢踩踏这方土地。一双苍老的手抓得我的手生疼，他老泪纵横地说自己是个“逃兵”。他说：“变了，都变了。”流下那汪热腾腾的泪水，为故乡，为那萦绕不绝的乡愁。我挽着父亲的臂向前走，旁边是小罗。父亲一路流泪，脸上的皱纹使得眼泪失去了方向。

记忆中的土屋早已变成风尘，永恒地失去。

父亲流着泪，说：“变了，这是谁的杰作？”

“党和人民。”小罗说得很轻松。

“变了……”

站在六圭河的岸上，我没有问父亲哪里变了，哪里没变。

六圭河的水流原来不大，小时候我还敢在河里游泳，如今六圭河已经变得深且广，连河上的石桥眼都淹没在水下，我想在六圭河游泳的梦想成了泡影。

也许，六圭河也在长大，像我和我的儿子一样。我16岁以前是在这河水里泡大的。可是那时，我在长大，而六圭河一直没有长。我想不通，30年，它怎么长得如此突然，像我一样，一下子冒出了白发。那时，父亲在岸上村子里扎了个屋，然后犁地翻土，马马虎虎地守着黝黑的火灶、母亲与我。

16岁时，我每天都会到对岸去呼唤一个叫春花的姑娘，那年她15岁。有时候，我会从六圭河横游过去。而更多时候，我会赤着脚丫从石桥上飞奔去。这种迅速一直保持到我去江南，一直到有天我在江南的石桥上遇上另一个姑娘，她就是现在陪伴在我身旁的女人。因此，我对桥的感情很深很浓。在那个羞涩的年代，我却很鲁莽，我可以以最快的速度跑到对岸，大口大口地喝着春花家的酸汤，嚼着她家的苞谷饭。春花的妈妈喜欢我吃饭的样子，而春花喜欢的是和我坐在桥栏上看夕阳、晒月亮、数星星……回忆起来，她像梦一样，我做了30年的梦，她永远都是15岁。

可惜的是，梦在她15岁以后便很缥缈了。一个勤劳的、倔强的男人抓着我的手，把我拉到桥更多的地方——江苏。那个男人就是我的父亲。那天，春花只是站在桥头哭泣，以最柔软的方式抗议。我不知道她——那个脆弱的姑娘会这样坚持多少日子。在江苏的日子很痛苦，虽然父亲和我用双手创造了新的生活，但我依旧像个游魂，思念常常飘去六圭河上，幻想六圭河石桥上拉着春花的手。后来，因为江南有更缠绵的雨，我彷徨地走上一座石桥，石桥另一端的人，不是春花，庆幸的是，她是另一朵春花——我的妻子。

我和父亲走了，而今再回来，已是两鬓斑斑。当年父亲选择逃离贫穷，牵着我跋山涉水，走向远方。而今这里的人们也都走了，是不是也像我们一样去了远方？

年事已高的渔家说："洪家渡水电站修建，截了坝，茶店搬走了，新茶店在更美丽的地方。"我听了很感慨，我说："六圭河石桥被淹了，怎么去对岸？"他说："有座新六圭河大桥，在上游不远。"他指着上游一条横空的直线，的确，那是一座美丽的桥。

与父亲向着新六圭河大桥一直走一直走……我们父子都有一股莫名的欣

慰。欣慰这方人民不会像30年前的我们到处奔跑；欣慰茶店新一代男儿可以永恒地守候着家乡的“春花”。

我与父亲站在新六圭河大桥上。呜啦啦的汽车在宽广的桥面穿行，共振的颤抖酥酥地搔着我的脚板。我与父亲相依，遥望着宽广的河面，看着一群漂动的游船，我只想到两个人，都是1988年故事的主人公，一个是改变这一切的胡锦涛同志，一个是六圭河的女儿——春花。我46岁了，再也不是冲动的年龄。可是，站在这里，却抑制不住对江山与美人的感慨。我想，胡锦涛同志当年应该也是站在了制高点，用手指画了个圆润的圈——毕节试验区诞生了。

是的，30年前，一位共产党人站在贫瘠的乌蒙山区，指点着黔西北大地，留下的是一个试验区和一方发展的希望，和40年前那位“老人”在深圳小渔村决策一样。他们都是伟大的。伟大就得造福一方百姓、恩泽一地人民。胡锦涛同志做到了，毕节试验区在贵州大地上诞生了；邓小平同志做到了，深圳大都会屹立在蓝天之下。

父亲那一代选择背井离乡，我这一代也选择逃离，都已经过去了。在这桥上，我想，从今以后，茶店的儿女们不会再像父亲背井离乡，也不会像我连自己的“春花”都无法守候。

行车在贵毕高速路上，小罗说：“这是世界上桥密度最高的高速路。”说来令人无法相信，桥密度最高的高速路居然不在河流最多的江南水乡，而是在茫茫的西南山区。是的，崎岖的代价就是筑桥的艰难。多桥的路并不是一种炫耀，而是一种无奈的力量。

一路上，看了许多的桥，每一座都是一块丰碑。我没有向父亲提起春花，因为他也许已经忘了那个站在六圭河石桥上哭泣的女孩。她才是黔西北发展的见证者，比起我们，春花是多么的幸运啊！

石磨回忆录

文 杨全林

我被主人遗弃在院外墙角好多年了。由于年代久远，具体是什么时候、因为什么原因，我已经记不得了。有些话我本不想说，但又不得不说。不想说是因为怕别人说我倚老卖老；不得不说现在的一些年轻人不知道且无法理解和体会我们走过的艰难岁月。

记得在全国恢复高考之前，村上来了两位知识青年，与村民参加集体劳动，生活非常辛苦。村民们从集体生产队里分到的粮食较少，连温饱都解决不了，人们过着吃了上顿愁下顿的艰苦生活。一天，主人刚刚让我磨完苞谷，瞅见两位知青在旁边等着。可是他们根本没有苞谷。待主人走远后，他俩掰开我的“嘴巴”，细心地清扫我牙缝里的苞谷面，加上一点点菜，煮成稀粥，就当是晚餐了。

快到麦收季节了，有的小伙伴饿得没办法了，偷偷跑到地里摘麦穗烧来吃。也因为饿的原因，许多村民都在麦穗刚刚固浆的时候就把部分麦穗割回来，脱粒之后经过我的咀嚼，做成了“麦蚰蚰”，老少都爱吃，既解馋又充饥。

1980年，村里的土地下放了。土地承包到户之后，村民们干劲十足，粮食收成较好，交了公粮之后，所剩粮食比之前村集体生产队分得的要多得多。我也因此比往年辛苦得多，主人几乎每隔一两个月都要给我修一次牙齿。大部分农村孩子都能上学了，家庭情况好点的，交上三五角钱的书费学费让孩子上学。困难点的家庭，不能供哥哥姐姐上学，也要咬紧牙来供弟弟妹妹读书。多年来，许多人家的兄弟姐妹，为了逃避拉磨，在我的面前吵个不停，也因为拉磨的事情使一些小朋友上学迟到被责罚而回家哭哭啼啼。

在村民们的说说笑笑、吵吵闹闹中，不知不觉到了2006年，国家废止了农业税等相关税赋，全面实施了种粮直补等相关政策，农业经济发展了，大部分农民都吃大米了。自此之后，我的活路就越来越少了，少到只有极个别老人用我来磨豆子做豆腐，因为我磨出来的豆腐才是原汁原味的。可是，随着“三农”政策的不断实施和深入，渐渐地，我的地位越来越低，以至于如今被遗忘在院外的墙角……

于是，很长一段时间，我一直保持沉默。

曾经有那么几个小孩用脚踹我的脸，对我的长相感到好奇而陌生。从他们的话语中我知道了学前教育有营养午餐和学前教育发展资金；义务教育学生有免费的营养午餐，不但不交书费、学费，贫困寄宿生还有生活补助。若不送子女上学或是有适龄儿童辍学的，还要追究监护人的责任。

几个假期回家的腼腆的高中生（或是大学生）时不时瞥我一眼，我对他们来说并不陌生，可是我为什么会被放在这里，他们并不关心，也不觉得意外。从他们的谈话中我了解到贫困人家的子女就读高中和大学有惠民政策：普通高中有“两助三免（补）”；中职学校有“两助三免（补）”；普通高校有“两助一免（补）”。真是太好了！贫困人家的孩子不愁上不起学了。

有几个回乡的农民工，在院子里高谈阔论。有人说自己是坐飞机回来的，有人说自己是坐动车（高铁）回来的，更有甚者说自己是买小轿车开回来的，务工收入都通过银行卡或网银转到个人的安全账户……看到我孤零零地躺在墙角，也许是睹物思情的原因吧！他们都说想起了我磨出来的苞谷面，做的饭超好吃，遗憾的是再也寻找不到之前的味道了，他们说城里也有人卖酸菜豆汤，价格挺贵的，就是吃不出那种特别的感觉。我想，可能是现在富裕了，吃的东西太多的原因，太多的美食颠覆了他们的味觉。或者说因为现在他们根本都没有感受饥饿的机会，何来之前的味道呢？

村民委员会的几个年轻人在办公室忙得不可开交，新任的支部书记一再要求他们的小文书，要随时关注QQ群和微信群的工作动态，要及时查收文件及通知，有什么新情况必须第一时间给他汇报，绝不能误了上级的文件及会议通知精神……这一切，被退休多年的老村长看得真切，他在院内抽着旱烟斗，慨叹道："秀才不出门，便知天下事。说的可能就是这帮小鬼了，这些年轻人，看看手机和电脑就知道上级有什么重要指示，开着小车，要什么时候到就什么时候到。想当年我们要到县里开个会，跋山涉水要走上一两天。到区里和乡里开个会，少说也要走三五个小时。那时候没有电话，交通不方便，有时候因邮递员没有及时将通知传达到还延误了会议，但我们都必须不折不扣地把工作做好做实。哎！想想我们还真是老了哦！"

老村长的一席话，让我思绪万千。改革开放以来发展很快、变化很大。我一直认为人们把我遗弃了。

其实，我并没有被人们遗弃，是好政策让我可以好好安度晚年而已。

乡村石磨

第二篇

天堑

变通途·居者有其屋

倘若把房屋比作一个人的身体，路就好似这个身体里一根根大小不一的血管，那里流淌着象征生命力的血液。路不通，房屋便成了一具没有灵魂的躯体，失去了生命的迹象。

行走在“新时代乡村的路上”，我们无不感叹“路之变”带来的便捷，它让我们的归途不再遥远。踏上“家乡的老街”，那里满载着欢声笑语，也沉淀着悲伤离别，所有的一切，都写满了“老屋的见证”。无论茅屋还是广厦，“耕者有其田，居者有其屋”，我们才能体验家的温暖。

居者有其屋

黄南华

房子，人们日常生活的栖息地。一年又一年，一代又一代，人们为“住有所居”而不懈努力。房子，倾注着人们的无限希冀与梦想。

改革开放40年，住房变化速度之快，我们有目共睹。无论是乡村还是都市，从土木结构房到砖混、钢混结构房；从平房到楼房、到别墅；从福利房到商品房；从一家几口蜗居十几平方米的斗室，到一家人享受百余平方米的居室……改革开放让我们告别了居住“困境”。40年来，我经历和目睹了住房的巨大变化。我想说，生活在这个时代，真是无比幸运、无比幸福。

住而忧居

改革开放以前，干部职工解决住房主要是“等国家建房，靠组织分房，向单位要房”。建了房，分房并不是一件容易的事。分房小组要调查申请人的住房状况，还要根据申请人的各类情况和领导的意见、建议制定“住房分配细则”，等等。总之，僧多粥少，只有极少数人能实现“梦想”，大多数人只能等待、等待、再等待。自谋职业的“干居民”和农民，没有房子可分，或住祖辈留下的旧房，或自筹资金建房。从城镇到农村，住房普遍紧张。总体而言，住房需求“供不应求”，房屋质量“因陋就简”。

就清镇来说，沿街、背街一色土木结构、木架结构的草房、瓦房，砖混结构房为数不多，三四层的楼房就是最高建筑，乡村则以土墙茅屋为主。那个年代，大部分住房的“功能”都是残缺不全的，没有独立的厨房、卫生间，往往客厅、卧室一室多用。一家人做饭、吃饭、就餐、睡觉都在二至三间房里，做饭时是厨房，吃饭时变餐厅，来人做客厅，睡觉当卧室。至于卫生间，离家数十米有“公厕”。

1975年在清镇读高中时，我与父亲住在一间8平方米的板壁房里，进门处隔2平方米堆杂物兼厨房，剩余部分摆1张床、1张桌，即全部家当。1977年搬到国营印刷厂“筒子楼”后，条件有所改善，一进两间25平方米，但母亲、姐姐、弟弟从农村搬来，6口之家居住显然紧张。于是，父亲在楼顶挡“瓦灰”的竹席上铺床，晚上就是我和弟弟的“卧房”。

那个年代，一是住房奇缺，二是破旧房居多。破旧房屋怕遇灾害。茅屋、瓦房怕刮大风、下大雨，还怕失火。每逢刮风，往往“茅屋为秋风所破”，“掀屋顶、掉瓦片”时有发生；若遇下雨，则“外面下大雨、屋里下小雨，锅碗瓢盆在接雨”；天干气燥，最怕火灾不期而至。

人们为无住房“忧心”，为住危、旧房“担心”。

住有所居

从改革开放到20世纪末，经济快速发展，人们的收入逐渐提高，但机关、企事业单位仍然以分配方式解决住房问题。歌词“我想有个家，一个不需要多大的地方……”唱出80年代初干部职工的心声。随着改革开放的推进，单位建房越来越普遍，干部职工分到住房、住上好房的机会也越来越多。10余年，干部职工先后入住新居。这一时期，农民开展多种经营或外出务工，收入普遍增加，他们最先想到的就是改善住房条件，各地掀起建房热潮。2001年，贵阳市提出“用3年时间消灭农村茅草房”目标，通过机关单位帮扶、干部职工捐资等方式，一批批困难户住进了新房。两三年时间，土墙茅屋绝迹，砖混结构平房、楼房遍及各地。20年时间，无论城镇，还是农村，“居者有其屋”。我的住房经历，从侧面折射了城乡居民住房变化的历程。

1980年，我参加工作后，与父母“蜗居”5年，终于分到一套属于自己的住房，也是婚房。从外表看，这幢位于红旗路旁的4层楼房在当时的清镇城区算得上高层建筑，墙面水洗石板块，镶瓷砖线条，洋气时尚，与周围木架瓦房、草房，砖混平房形成鲜明对比，着实让人羡慕。当然，房子仍然属“筒子楼”序列，2室1厨28平方米，转角阳台，厨房与房间被走廊隔离，室内地面水泥清光。没有卫生间，楼下有煤棚。虽说晚上上厕所不方便，但能分上住房，还能不满意？

20世纪90年代中期，单位建房逐渐增多。1994年我再次分到一套74平方米的住房，3室1厅1厨1卫，楼后1间煤棚。房子是3层单元楼，1梯2户，外墙正面贴瓷砖、两侧和后面水洗石。室内水磨石地面、灰浆清光墙面。找工匠装修月余，完成屋面吊顶，墙面刮瓷粉、装墙群，卧室、厨房、书房量身打制衣柜、厨柜、书柜，卫生间安装电热水器，特别是不用到室外上公共厕所，让我感受到了“家”的温馨。

20世纪90年代末，国家鼓励集资合作建房，我搭上了集资建房的“末班车”，有了一套面积为117平方米的房子。客厅、餐厅、卧室、书房、厨房、卫生间等一应俱全，注入“大客厅、小卧室”理念，房前建有小花园。对于3口之家，居住绰绰有余，配套功能足够齐全。可以说，居住条件再上一层楼。

短短10多年，我3次入住新居，房子一次比一次宽敞，配套一次比一次齐全，环境一次比一次优美。相信这也是改革开放以来大多数人居住的变化。

住要优居

20世纪末，“福利分房”时代宣告终结，商品房取代了延续半个世纪的福利房，住房走上了商品化之路。“房地产”成为热门词，倍受追捧。房地产业也成为支柱产业，举足轻重。自21世纪初以来，清镇的房地产业方兴未艾。先期开发的住宅区，让广大购房者有房可选，有房可居。随着时间推移，居住者既感受到了商品房的优越，对住房需求也越来越挑剔。从居住宽敞上升到居住舒适、环境优美。步梯房到电梯房、平层到复式、单元房到别墅……房地产商不断翻新花样，消费者也乐于掏腰包。很多人有住房，也换新房。拿我单位的住房来说，原参与宿舍集资的18户，现原住户仅3户，15户陆续迁了新居。近年来，清镇城区“洋楼盘”层出不穷，尽管房价一再攀升，仍然阻挡不了人们的购房欲望。这些年来，农村并不落伍，“四在农家·美丽乡村”等政策的实施，一幢幢楼房拔地而起。许多人家住宅“楼房加院落”，还带车库。特别是乡村公路“组组通”、“亮丽工程”入组、房屋立面改造、村寨环境整治的推进，村寨越来越亮丽，甚至让城里人“生妒”。

谁不想住房，谁不想住好房，这是人们为之奋斗的动力。改革开放让人们实现了“居者有其屋”之梦。

贵阳市中心大厦夜景

贵州交通“天亮了”，我的家乡变样了

◎黎秋梅

云端架高路，山地变“平原”。2015年12月31日，一个让3000多万贵州人民骄傲自豪的日子，一个载入贵州发展史册的日子——贵州实现县县通高速公路，西部拔头筹！今天，我们已迈入“高铁时代”、进入“高速时代”，贵州交通“天亮了”，贵州“更贵了”。

回想往昔，“不是夜郎真自大，只因无路去中原”。贵州境内山高谷深、沟壑纵横，因交通落后历来被视为畏途。山阻水隔的封闭环境，使贵州的经济社会相对“欠发达、欠开发”——2011年，贵州贫困人口高达1000多万，贫困发生率33.4%。因为交通阻塞，贵州在全国各地竞相发展的过程中处于越落越远的尴尬境地；因为，贵州经济发展缺乏强有力的内生支撑；因为，贵州民生的改善和社会事业的发展举步维艰。

夯实基础，破浪前行。贵州人清醒地认识到，制约经济社会发展的症结在交通，实现兴黔富民愿望的钥匙也在交通，只有加快基础设施建设，才能为实现同步小康奠定坚实基础；只有垫好交通发展基石，才能有力撬动经济腾飞。中共贵州省委、省人民政府前瞻性谋划、高起点布局，以构建现代综合交通运输体系为标志的基础设施建设气势恢宏。如今的贵州，北上川渝、南下两广、东入湘鄂、西进滇缅的大通道已架设成型。贵州人民将逾6000公里的高速公路变为走出去的“梦想大道”，越过莽莽群山，快速通达相邻省份及长三角、珠三角。从此，天堑变通途，多彩贵州更加多彩。

打开山门，活力无限。贵州老百姓对贵州交通的变化感触最深。我老家在毕节市织金县，这些年真切感受到了交通改善带来的便利。以前回家，绕山跨河、路窄弯多、事故频发，遇到堵车更是老火，现在1个多小时就能从贵阳回到家乡。以前家乡的路，“风刮黄沙漫天，雨来泥沙俱下”，现在家乡，乡乡通油路、村村通公路，国、省干道、乡村公路密如蛛网，将城乡串联起来。从此，父老乡亲不再为进趟城而筹谋许久，驶入村里的小轿车也不再让大家感到新奇，荞凉粉、臭豆腐这些家乡美食也不再让我魂牵梦萦，嘴馋时随时都可以来次说走就走的家乡美食之行。路通了，观念变了，生活好了，经济富了，环境美了。洞开的山门把贵州的诸多优势真正转化为开放的优势、发展的优势，成为凝聚发展的正能量的导线和引擎，让贵州干群一心，同心同行。

快马加鞭，腾空飞跃。从建成一条路带动一大片地区的崛起繁荣，交通建设一次次成为贵州经济发展的强大引擎。逾6000公里的高速公路实现了同全省规划的产业园区，以及国家级、省级风景名胜区的连接。越来越多的产业沿着高速公路通道集聚，形成更加密集的工业带和城镇带，医药、化工、食品加工、有色金属及特色农业等领域的企业如雨后春笋。旅游也不再像零星散落的珍珠，而是形成了点、线、面的跨越发展。思遵高速公路让“黔北小江南”——遵义市湄潭县的旅游产业发展风生水起，惠罗高速让黔西南布依族苗族自治州罗甸县的果蔬农户们激动不已。从此，黔山好货不再“待字闺中”，从江香猪、赫章核桃、盘州火腿……这些土特产如今成了炙手可热的原生态食品。

好风起兮云飞扬，破浪前行兮征途长。大开放带动大发展，大合作推动大跨越，大交流促进大繁荣。今天的贵州，高速公路四通八达，高速铁路穿越时空，民航事业飞出新高度……2018年，贵州贫困发生率下降到4.3%。减少贫困人口近148万人。贵州经济不再垫底，经济增速连续8年保持全国前列。贫穷落后不再是贵州固有的标签，千山万水挡不住贵州提速奋进的脚步。对贵州人民来说，大山不可怕，贫困不可怕，人心齐、泰山移。见山开路，遇河架桥，裁弯取直。精神迸发力量，力量创造速度，新时代“贵州精神”挺立，成为贵州一路奋进、后发赶超的动力源泉。

如今，贵州的路，是打开山门的开放之路，是推动经济的振兴之路，是摆脱贫困的致富之路，是与全国同步全面建成小康社会的和谐之路。

行走在新时代乡村路上
——贵州改革开放40年

文 潇也客

踏遍青山人未老，风景这边独好。

——毛泽东

改革的浪潮由东部沿海向内陆西部逐渐扩散，带来了全新的思潮，带来了中国经济的腾飞，带来民族的自信自强，带动了多彩贵州、大数据贵州的繁华。然而，贵州连绵高耸的群山，崎岖偏远的小路，淳朴多彩的民族风情文化似乎迎接这次浪潮晚了些，以至于一些印象中，贵州成为天地人都尤为古老落后的代名词。十一届三中全会后，中国开启了具有划时代意义的浪潮——改革开放，刚好搭上80后末班车的我对于前10年的改革记忆比较模糊，仅有的是在历史书籍或报纸杂志上看到的一些蛛丝马迹，真正记忆犹新难以忘怀的是从有记忆开始走过的乡村小路。

我是乡村小路最忠实的守望者，它是我成长的最佳见证人。我生活在贵州的边远农村，最熟悉也最难忘的是家乡的路，30年来，家乡的路承载了我们这代人太多的辛酸和美好回忆。但这条平凡的山路在30年的历史进程中，不得不分为四个阶段来说。一是我上小学时的泥泞小路；二是我上中学时的“旅客路”；三是我上大学时的“文化路”；四是我工作后的“致富路”。

伴随童年的“泥泞路”。小学是我人生最“幸福”的时光。回想每天早上起来吃完盐水拌饭或者空腹行走在那条乡间泥泞小道上的情景，饥饿、阳光、雨水是童年形影不离的伴侣，走路、上学、做家务是永恒不变的童年“三部曲”，最初的梦想单纯得仅剩吃饱穿暖少干活。还记得穿着比自己身体大许多的衣服在求学路上摔倒时的泪水与雨水混杂滴落的瞬间，不知是雨水打湿了衣服还是泪水浸透了大地，幼小的心灵或许正是在那一次次的雨水与泪水的浇灌中茁壮成长，为未知的人生埋下精彩伏笔。还记得下雨天时许多小伙伴用自己的精致书包当雨伞，而我却固执地把用肥料袋做成的书包将自己视如瑰宝的书本包得严严实实，藏在宽大的外套里，任凭暴风雨水打湿自己的头发和衣服，就是不让书本受到丝毫的“侵犯”与“亵渎”。还记得路边的野葡萄和野杨梅，还没等到成熟就被小朋友视为“私有财产”后“一扫而光”，那味道远胜于如今的山珍海味，那乐趣岂是几颗水果所能囊括？还记得母亲带着我向小学班主任赊一本3.5元钱的小学教材时母亲眼中的期盼和无助，虽然最终还是没有得到新书，或许就是从那时起读书于我就有了不同的意义——读书不仅仅为了自己……那时的我不懂“天降大任于斯人也，必先苦其心志，劳其筋骨，饿其体肤，空乏其身”，也不懂“艰难困苦，玉汝于成”，更不懂“天若有情天亦老，人间正道是沧桑”。行走了6年的泥泞小道使我养成了坚强不屈的性格，敢闯“泥泞路”，梦想出深山的种子正是那时种下的。时光荏苒，泥泞小道没有变，而我即将迈向大山之外。

夜行赶车“旅客路”。我的成长比乡村泥泞小道的成长快乐很多，我要到更远的地方念中学了，但是家乡的小路依然还是“我行我素”，晴天像老大爷的脸布满皱纹，雨天如丧夫妇女的眼挂满泪滴。中学是我人生的转折，也是我成长的开端，更是我见识城市道路的初始。小学6年的泥泞道路虽然艰辛，也常饥寒交迫，但我却练就了健朗体魄和不屈之意志。而中学则是更远旅途的开始。或许是父亲的缘故（我父亲读书时学习成绩一直名列前茅，初中毕业因家庭情况回家务农，心有不甘将希望寄予下一代，无论自己多苦多累也将最好的教育给了我，这或许是我与同龄人相比最大的幸运，也是我父亲与同龄孩子父亲的最大区别），我的中学是从很高的起点开始，接受当时最好的基础教育。但家乡的泥泞小路却丝毫没有改变，每次进城读书都是半夜起来背着行李打着电筒步行五六个小时，然后赶上进城的班车，凉凉的夜风吹拂着稚嫩的面庞，林间怪异的“鬼叫”击打着幼小的心灵，从黑暗走向黎明的每段路程都流淌着汗珠和血液，最后都融入每个细胞的记忆。每次从家里出发有父亲或母亲的陪伴时，那是心灵最大的依靠，是迈出大山最坚实的开端，尽管夜晚听到许多怪异的叫声和响动，但有依靠就不慌乱。然而从学校坐车回家五六个小时的颠簸车程，又有五六个小时的独自“旅游”，就不得不独自面对，听到路边林间的怪异叫声，浑身起鸡皮疙瘩，腿也不停地颤抖，仿佛身体的每个细胞都在经受最艰难的考验，但我没有停下脚步，而是一如既往勇往直前。现在想想要是当时有个电话该多好，可以提前打电话叫家人来接；或者要是乡村路修好了有辆车该多好，可以乘车到家，减少“旅途”的恐惧与不安。但是，走过的路不会白走，吃过的苦不会白吃，中学六年来的夜行，不仅让我学会了不屈，更让我学会了不惧。每步成长都需要代价，就像中国改革开放一样，前期也同样伴着剧痛，但痛是短暂的。时

贵黔高速鸭池河大桥

光匆匆，中学生涯即将结束，大学生涯即将展开。

学无止境“文化路”。优质的教育和自己的努力是我上大学必不可少的条件，但家乡的路依然没有改变，每次假期回去身上都会带走点泥土的气息，似乎怕忘记曾经伴随自己十几年的泥泞小道。大学时与同学谈论家乡的路时，同学们眼里的质疑就像天安门前的旗杆那么明显，但那真是我家乡几十年不变的路。随着我走进大学，村里走出的大学生越来越多，大家似乎都不约而同地把走出大山作为自己的第一使命，如今一个村子已经有70多个大学生，以前的泥泞路现在改变依旧不大，但当地人们更喜欢叫“文化路”。大学毕业，我走上工作岗位。如今脱贫攻坚，我又再次重走乡村路。

脱贫攻坚“致富路”。最近，听说家乡的“组组通”公路已在有条不紊地实施，还有两条高速路也将从家乡经过，这是多好的消息啊！而我奋战在镇宁布依族苗族自治县脱贫攻坚的路上，每天走村入户核实贫困户资料，思考产业扶贫、农村经济振兴、基础设施建设，走了许多村，入了许多户，农村面貌的确焕然一新，农民的住房、生活、思想都有了翻天覆地的变化。在我走过的脱贫路上，再也找不到曾经的乡间泥泞小道，再也见不着如我童年般穿着宽大衣服背着破旧书包行走在泥泞小道上的身影，再也看不见母亲为给孩子一本新书的期盼眼神；再见到的是脸上挂着幸福微笑、车里拉着贵州特产“蜂糖李”的农民伯伯和肩上挎着漂亮书包、一脸阳光的学子以及整洁美丽的农村景象，随处可见“组组通”硬化路，脱贫攻坚的路已经打通“最后一公里”，美丽新农村正迎面而来。好政策不仅改造了泥泞路，也给人们指引了康庄之路，它是时代的福音，造福当代，影响千秋。

改革开放40年来，贵州成为旅游休闲圣地，“天堑变通途”，电通路通网通……这些源自改革开放和国家政策的支持，腰包渐鼓且洋溢着幸福的贵州人民必将感恩奋进、继续前行。

老屋的见证

文 万丽萍

老屋，虽然已被现代样式的楼房包围着，但它仍不失其魅力。举目仰望老屋，让人忍不住想靠近它，去倾听它讲述这些年的所见所闻。

做工精美而讲究的老屋

老屋，位于贵阳市乌当区东风镇云锦村角落寨，建于清朝中叶，如今已170多岁了，老屋不仅承载着万氏家族8代人的命运，也见证着改革开放40年间，角落寨这个小村子乃至乌当的发展和变迁。

远看老屋，是个四合院的规模，最前面是朝门（现存遗迹），朝门进去

百年老屋里的百年老物件——太师椅（左）、八仙桌（中）、雕花茶几（右）

经过院坝就是正房。历经多年风雨洗刷的老屋屋顶呈灰黑色，屋脊将前后屋顶分成两片倾斜着搭在老屋上面，屋脊中央似一朵镂空的莲花，两端似飞鸟向天空展开的白色翅膀。

近观老屋，高高的、宽宽的大门厚实而坚韧，大门两旁分别是雕刻精致的万字格窗户，大门顶上有对雕刻精美的莲花形门粘，大门前原有一对低矮的腰门，因时间久长而损毁，现在大门外侧还有黏着的腰门轴头。老屋里，摆放着从30年至100多年的、样式不一的家具，有雕刻精美、做工考究的大桌子、太师椅、茶几、木床、衣柜、抽屉等，无一不显露着古色古香的韵味。

老屋里的黑白电视

20世纪70年代末80年代初，中国开启了改革开放的征程。角落寨这个边远的小村子也迎来了改革开放的春风，农村土地实行家庭联产承包责任制，以前的生产队改称为村民组，生产队社员改称为村民，土地分给村民，各家各户自己种田地。

分得土地后的村民种地积极性非常高，纷纷“八仙过海，各显神通”，起早贪黑、你追我赶地干活。在各个季节上抢种着适时谷物、油菜、蔬菜等，再也没有干活时躲太阳的了，也没有在干活中途一次又一次上厕所的了。第二年秋收时，除了极个别的，家家都是大丰收，种出来的稻谷、油菜籽等除了自己食用外，人们把多余的粮食送到粮店和市场上卖，换成了钱。几年后，人们开始添置新家具、新农具，极少数人家还买了黑白电视机。我家也买了台华日牌电视机，成了村子里最早买黑白电视机的人家之一。

每天天黑后，刚吃过晚饭，父亲就把电视机搬到老屋屋檐下的石砍子上放好，将电视机的天线摇来摇去的搜索信号。等到电视调到最佳效果时，石砍子下的院坝里早已坐了黑压压的一大堆人，津津有味地看电视。电视频道只有中央台、贵州台和贵阳台，节目内容也不多，除了新闻、广告，就是少许的电视剧，当时播得最火的是武打片《霍元甲》、电视剧《排球女将》、动画片《铁

老屋前建起了通往北京等外界的高速铁路

臂阿童木》等。人们看了新闻看电视剧，看了电视剧看广告，直看到各个电视频道的节目全部结束，才依依不舍地散去，各自回家睡觉。

随着村民们粮食收入，经济作物收入的增加，老屋的院坝里没有村民来看电视了。村民们不仅家家都有了电视机，还有了彩色电视机，电视机的尺寸也越来越大，后来还有闭路电视、有线电视、网络电视，电视节目丰富多彩，政治的、军事的、体育的、历史的、娱乐的，国内的、国外的，应有尽有。通过一台台电视机、一个个电视节目，角落寨的人们了解了外面的世界，学习到很多东西。

老屋外的路

20世纪70年代初，老屋前有条马路又窄又烂，路面凹凸不平，路上颠簸跑着的是马车和少许的拖拉机，马车经过时，“咣当、咣当……”伴着马的嘶鸣；拖拉机经过时，黑黑的浓烟随着拖拉机“突突突”的声音从黑黑的排气管冲向天空，向四周散开。晴天车辆经过时，浓浓的灰尘跟着车轮翻滚着；雨天车过时，路面水坑里的泥水四处飞溅。

有年春节，大年初一，跟往年一样，大清早奶奶就给我们兄弟姐妹每人5角钱的压岁钱。叔叔伯伯家的哥哥姐姐和我家的哥哥姐姐要去9公里外的新添寨（中共乌当区委、区人民政府所在地）街上玩，不想带我们这些弟弟妹妹，就偷偷地跑了。我眼尖，看到他们跑就跟着跑。他们跑得快，我跟不上，就一边追着跑一边哭，鞋子跑掉了，脚被凹凸不平的公路上的石子硌得生痛，然而并没放弃，捡起鞋子穿上接着追。我们顺着窄窄的、弯弯的、陡峭的、小石子铺成的小马路，经过石头寨，翻过陡峭的黑土坡，经过马垅坝（今〇八三片区），跑跑停停，一路跑到了新添寨。那时的新添寨，小石子铺就的街道路面平而窄，街道边摆着用木板搭起来的简易摊点，摊点上摆着年画、泥口哨等一些小玩具，还有2分钱一本的小人书、5分钱一杯的凉水等。街道两旁是一些矮矮的小瓦房，还有一个小小的新华书店和一个不大的饭店。

20世纪80年代，我读高中时，从云锦村角落寨到乌当二中上学，要走半个多小时的路。道路虽然属于省道，但路面用石子铺就，人走在路上还算平稳，但车跑在路上就会颠簸，有时甚至跳跃。1986年，〇八三振华集团搬迁到马垅坝，随着一幢幢厂房和一幢幢高楼的修建，道路也开始发生了变化，从〇八三到新添寨的道路变成了水泥路，也宽了许多，公共汽车也多了。而从我家老屋前到新添寨的马路也开始扩宽了，路面铺上了细沙，车开在路上时不再颠簸了，黑土坡陡峭的路段也深挖下来，路面降低了近10米，孩子们上学时翻过黑土坡时也比以前省力多了。其实，孩子们上学也不用步行了，每天都有公共汽车穿梭在公路上，孩子们到新添寨上学都坐公共汽车。如今，许多村民都买了小轿车，每天开车送孩子上学，放学后再开车接回来。

随着乌当区的发展，新添寨成了贵阳市的城区之一，离新添寨只有6公里的角落寨交通也比以前更方便了。如今，经过我家老屋前的马白线公路修成了宽敞的柏油路，老屋前的高架桥撑起的高速铁路，让贵阳到北京和贵阳到开阳的高速列车，每天都在老屋前穿梭着，运送南来北往的乘客。老屋所在的角落寨这个村子，也搭上了贵州、贵阳和乌当区经济飞速发展的“高铁”。

家乡的老街

文 陶 毅

为什么我眼里总饱含泪水？

因为我对这土地爱得深沉……

——艾青

端午前夕又一次来到了安场镇，又一次回到了魂牵梦萦的家乡。家乡的山山水水、一草一木在我来到省城工作后的近5年间，依稀有些淡忘。但是对家乡的思恋、对家乡老街的记忆，又促使我迫不及待地和姊妹们一起回到那条伴随我们童年快乐，承载我们无限美好记忆的老街。

如今安场镇的老街真的老了，几近衰败。记忆中的老街铺着斑驳的青石板，街道两旁仡佬族人特有的木屋、木楼，高低相间，一间紧挨着一间，一幢紧靠着一幢，错落有致而又别具风格。如今再次走到这条弯弯曲曲的街道，原有的景象似乎同记忆中的老街模样没有太大的变化，仿佛岁月的侵蚀没有对老街留下任何痕迹。街道边依旧是林立的店铺，张家牛肉干那泛黄的墙面显眼处挂着古色古香的牌匾，刘家豆腐坊——那些屋顶上疯长的青苔，还有李家糍粑块儿——那口累积经年岁月的黑色大铁锅，依旧是记忆中的颜色。老街的一切都仿佛还是定格在我们童年记忆中的样子。

是的，老街还是那条老街，长不过100米、宽不过20米，但是，它却承载了人们一整天的快乐。

犹记得，小时候我和姊妹们最爱流连在那条老街，因为油炸粑、糍粑块儿、干豆腐、大碗油茶、烧腊等诱人食物，总惹得我们垂涎欲滴、不忍离开。在那个物资不算丰富的时代，母亲给的累积的几块零花钱，都“贡献”

给了老街上那些美味的食物。因为老街的零食实在诱人，有时候母亲给的零花钱实在不够花，于是我和姊妹们就会把平时拾得的酒瓶、废纸等卖到废品收购站换钱，当然换得的零钱就买了个人心仪的零食。犹记得我们第一次吃油炸粑的情景：一口咬下去软糯香甜而又油香四溢，油炸粑特有的香脆糯米香，当时被认为是最好的美食。虽然，现在随着社会的发展，吃穿用度都已与原来不可同日而语，但老街上美食的味道却是至今仍旧苦苦寻觅的味道。

犹记得，老街上的那间泡着白茶的老茶馆，不管风吹雨打还是艳阳高照，几乎天天客满。白天，茶客们成群结队围坐一桌，点上安场特有味道的糍粑块、干豆腐，当然少不了茶客们最爱的油炸花生，谈天说地、调南侃北。不管是在农地里面劳作了一天的农人，还是在镇上机关工作了一天的干部职工，那家泡着淡淡幽香的白茶馆都是人们难得的休闲场所。如果说，成都是个一天只花几元钱就能生活得很闲适的地方的话，那么老街何尝又不是成都“闲适”生活城市的“样板”呢？每人最多只要花上三块多钱，便能品酌香茶满盅，坐上个老半天。那时，我们放学回家，每次经过茶馆门口，总忍不住做几次深呼吸，那淡淡的白茶香沁人心脾，令我心旷神怡，而忙前忙后的茶馆老板娘，总会笑盈盈地拿几粒花生米塞给我们这些放学的馋嘴孩童，至今回味起花生米的清香味道还是如此的香甜。

犹记得，老街上的张家牛肉干铺子，里面那个有着络腮胡子的壮实汉子，成天为了生计，研制至今对于安场人来讲都是一大美味的牛肉干。那熊熊的炉火、四溅的柴火星、烟熏的墙壁、烤制焦黄酥嫩的牛肉、切制匀称的牛肉干，能不刺激你的味蕾吗？至今想来，依然清晰如昨。

犹记得，老街上那些“打钱相”的老婆婆们，她们还好吗？“打钱相”似乎是我记忆中最深刻的表演了，其实“打钱相”的前身是“莲花落”，由一男一女表演，表演者口唱“莲花落”，手拿“铜钿花棍”分别在臂、肩、腿、脚上敲击，动作比较简单，唱词是一些吉利话。至今我印象最深的还是那出《男儿女儿一样好》的戏。如今安场老街上的年轻人——不分男女，如我们这样年轻的一代，离开故乡，就像当年那些远离故乡来到异地的年轻商人一样，去别处寻找梦想，有更多的途径去追求学业的成功、工作的顺利、生活的幸福。

老街上的鞋匠铺、缝纫铺、烤爆米花的土灶等让我迄今难忘，它们留在我心中深深浅浅的印记，犹如乡村的袅袅炊烟，缥缈、悠远，辗转难以忘却。

现在，安场镇的老街真的变了，原有的老街现在已经换上了新的容貌，那低矮的屋楼、那斑驳的墙面、那老式的凳椅、那旧时的褂衫、那慢摇的蒲扇，都渐渐消失在远去的尘烟中，取而代之的是一栋栋拔地而起的高楼大厦。地处大娄山脉东麓的县城更加美丽妖娆：蜿蜒而过的清溪河曲折回荡，环城而歌；华灯初上，新兴的山区小镇时刻都在向世人展现它独有的魅力。母亲说："老街是一年一小变，三年一大变，越变越美。"而我们的小家乃至我们的国家也不正向这条老街一样越变越好、越变越美了吗？

如今老街的张家牛肉干店、刘家豆腐坊、李家糍粑块，早已开了分店，据说已经入驻了食品工业园区。老街上的那间泡着白茶的老茶馆，早已在省城落户，白茶馆的老板娘或许早已颐养天年、含饴弄孙；还有老街上那些"打钱相"的老婆婆们，虽然大多已经作古，但"打钱相"这一颇具民间艺术特色的文化奇葩，已在社会主义新农村的广阔天地中绽放了光彩！

老街，它永远活在我童年的记忆里。我生在、长在老街里，如老街一溜儿排开的天然字画，次次把我的痴情晾挂在吊脚楼上；曾经的那条老街，已成为我梦里梦外的一道牵绊，老街可以走出历史的舞台，但现今迎接它的将是一个崭新的发展世界。

今夜就让我循着悠扬婉转的小调，沿着儿时的记忆，再次踏上青石板，重新走在那条我深爱的老街，去细细聆听老街的光阴故事，品味家乡老街的前世今生。

房子

文 姚远萍

习近平总书记在党的十九大报告中说：“房子是用来住的，不是用来炒的。”是的，我国人民在改革开放40年翻天覆地的变化中，慢慢富起来的一部分人不但住上了洋房别墅，还做起了房地产生意，近年来一些一线城市的房价已高得吓人。

经过40年的发展，城镇化的推进，偏远山区的农民有了钱就到乡镇上买房或建房，乡镇上的人有了钱就进县城买房，县城的有钱人就到市里买房，市里的有钱人去省城买房，省城的有钱人就去一线城市买房。城市化的发展使人们的住房已越来越好，买房的人已越来越多。

现在的我，住进了33层电梯楼的套房里，建筑面积107平方米，；两室一厅一书房，一厨二卫。房子是请装修公司精装修的，现代家具、电器一应俱全，是我目前为止住过的环境最好、住起来最舒适的房子。小区占地逾5.4万平方米，有大小喷水池多个，有篮球场、网球场、门球场、羽毛球场，还有儿童乐园，有跳舞、娱乐场地，有多个大小不等的休闲亭，绿树和草地随处可见，是我们县城目前居住环境最好的小区。住进这样的房子，我却总也忘不掉以前住过的各类房子。

1960年初，我在奶奶的两间土墙房子里出生了。奶奶的两间土墙房，小的这间用来煮饭，大的那间供玩耍和睡觉，住着祖孙三代8口人。

我不到两岁时，搬家到了50公里外的外公家的房子里，外公的房子也是一大一小两间土墙房，小的这间除了煮饭还有一张外公睡觉的床，大的那间是爸爸、妈妈、哥哥、姐姐和我睡觉和娱乐的地方。我记得外公经常在这间土墙屋里教哥哥“打架”，有一回不小心把一旁观看的我带进了取暖用的灰坑里，我变成了灰人，哇哇大哭起来，吓坏了外公和哥哥。我们在这土墙屋里住了8年，多了两个妹妹和一个弟弟，外公也是在这土墙屋里过世的。

外公走后，因各种原因，20世纪70年代初，父亲带着我们一家8口人搬到了一个偏远的高山顶上，借居在一位孤寡老人的房子里。这是1栋3列5柱2间的木架子瓦房，主人住在装了半间天地楼的房间，剩下的半间用木板简易拦了三面，在里面用石头砌了个独灶，装一口用来煮饭的锅，灶门前砌了火坑烧火取暖。我们的到来显然打乱了主人的生活。哥哥跟主人住一张床，爸爸、妈妈和2岁的妹妹、4岁的弟弟住在主人的半铺天楼板上，我跟大姐、三妹住在主人三面见天的堂屋里。堂屋只是用主人的烂晒席和柴草拦住遮挡一下风雪。当时正值冬天，常常睁开眼睛就见着厚厚的冰雪。还是好心的主人，才让我们一家在这个冬天有了个遮风挡雨的地方。我们在这房子里住了8个月后，搬到了买来的两间旧木架房子里。

我家买的这栋房子的四壁，是哥哥、姐姐从山上砍来的刺竹夹了围起来的，楼层也是用刺竹来铺成的。当时的农村，好多人家都住这样的房子。房子的木架立起来后，装不起木板，就用竹子或木棍夹起来连接在木柱头上，为一家人遮风、挡雨、防盗。这样的房子，当时的人们给了它一个“美名”，叫千根柱头落地。住这种房子的人家看上了哪家的姑娘，请媒人到女方家说亲，当女方家问起房子的事，媒人会回答“千根柱头落地”，女方家自然会明白是怎么回事。母亲就在这个房子里过了10年伤感、劳累的日子。到了20世纪80年代初，改革的春风吹进了山村，实行了家庭联产承包责任制，农民的生产积极性空前高涨。但刚吃了一年的饱饭，母亲就于1982年4月在这个房子里过早地去世了。

20世纪80年代中期，我结婚住到了爱人家的房子里，是两间半完整的木架子瓦房，装有天地楼。跟公婆和3个小姑一起住，虽然有点挤，但这房子住着冬暖夏凉，挺舒适的。那时的农村一片欣欣向荣的景象，除了种稻谷、玉米、黄豆外，主打经济作物有烤烟、辣椒、油菜，年年丰收，卖烟叶、菜籽都得排队。记得有一次，我们一家老小6口挑的挑、背的背，到粮库排队卖菜

铜仁市万山区高楼坪乡青年湖村黄家寨农业新村休闲观光园

籽，那场景不算人山人海，也叫菜籽山菜籽海。每户都留下一人守着排队，要到第二天晚上才能卖掉。烟叶站收烟叶也是常常成为烟叶排队的海洋。那时的每年3月，满田满坝的油菜花开，映黄了天边，映黄了河流，是农民致富的希望。不像今天，油菜花多是供人们饱饱眼福而已。我就在这个房子里生下了我的女儿。

两年后，我随先生住进了学校分配的、用教室改成的两间青砖瓦房里，这下我们一家3口总算有了自己的家。那时的房子谈不上装修，最好的是青光水泥地，有钱的用石灰水刷一下墙壁，要不就是用废旧书报纸糊墙，住起来干净一些。记得住进学校分的房子后，为了让毛砖墙壁变得干净美观一点，我借来一架木梯子，用洗衣服的大塑料盆盛上米汤放在梯子下，把一张张纸刷好米汤，借着梯子上上下下地爬，把纸贴到墙上去。可有一次爬上梯子顶端时，梯子一滑，我跟着梯子顺着墙壁一下摔倒在地上，幸运的是没大碍，可装米汤的盆子被砸成了两半。这一声炸响可惊吓了邻居老师们，他们赶紧跑过来看情况，见我没事，才喘了口大气说：“太危险了，一个人不能再贴了！”我们就在这个还算“安逸”的房子里住了6年。

到了20世纪90年代中期，随先生的工作调动，我们住进县城租来的两间砖木结构的瓦房里。这套房子很旧，也很简陋，设施也很差，电线很老旧，常常因故障而断电，厨房还是临时搭成的，用废旧的汽油桶做的灶头，室内也没有卫生间。好在有个非常安全、优雅的小院，主人一家常常在鱼池假山旁的紫薇树下吃饭喝茶，紫色的木槿花迎接着每一张笑脸，枣树和无花果树挂满青色的果子，还有，两位房东老人以慈爱温暖着我们。我们就这样在这间房子里住了4年。

到了20世纪90年代末，我们买了一套110平方米的商品楼房，经过简单装修，花600元添了一套铁架子布沙发和一个电视柜，一家人这才住进了真正属于自己的房子，还装了座机电话。房子虽新，但一应家什全都是旧的。到了21世纪的开初几年，我们才慢慢添置了彩色电视机、冰箱、全自动洗衣机和热水器等一系列电器。到了2011年初，我家又在市里买了一套近120平方米，外加20平方米平台的矮电梯楼房，装修后送给女儿作为结婚礼物。

房子是社会存在的产物，是人们居住的家，是美好生活条件的追求。我这一生所住过的房子，由破陋到精致，与中国千千万万个家庭的情景大致相当，即使是农村，也多由土墙草房，或“千根柱头落地”的破木房，变成了小洋楼、小别墅，这是改革开放40年一路走来的历史见证啊。

我坚信，在党中央的坚强领导和全中国人民的共同努力下，中华民族的伟大复兴一定会很快实现，人民的生活会更加富裕、美好。

路之变

◎陈 新

我国的改革开放始于1978年，至2018年刚好40年。值此改革开放40年之际，我以自身不同阶段所走的路及出行方式的巨大变化，来反映贵州改革开放40年的巨大变化。

小学之路：田间小路变通村水泥路

村里上小学的路，约有3公里，主要是田间小路，步行需约30分钟。下雨天特别滑，容易摔倒。记得我有一次不小心滑到田里，衣服全湿了，回家换了哥哥的衣服再去上学，结果迟到了，被老师罚站了一节课，非常委屈。

而今，上小学的田间小路已变成了通村水泥路。

初中之路：毛马路变沥青路

乡里上中学的路约有4公里，主要是毛马路，步行需约35分钟。晴天，农用拖拉机驶过时，尘土飞扬，全身是灰；雨天，农用拖拉机驶过时，路上污水飞溅，不小心就是一身湿。

而今，初中上学的毛马路变成了沥青路。

高中之路：城郊路变城区干道

到遵义县城上高中的路全程约有18公里。有两种出行方式：一是走路到镇上转中巴车到县城，大约需要5个小时；二是走路到艾田火车站搭乘火车到南白火车站，再走路到学校，大约需要3.5小时。

坐火车也有两种方式：一是乘坐列车，二是搭货车。

乘坐列车时，上车就开始与列车乘务员“躲猫猫”，要么蹲在厕所里，要么站在过道里。穷学生，买不起火车票，只有躲在厕所里逃票，或者站在过道上见机逃票。上车第一件事情就是抢占厕所，进去就把门关上，直到列车到达目的地才出来。如果没有厕所可蹲，就站在过道上，远远地看到乘务员来查票，就赶紧往其他车厢跑，直到火车到站停稳开车门了，悬着的心才安稳落地。如果没有赶上列车，就只有搭货车。但是，特别怕货车到站不停，得从下一站或下两站步行回来，需要50～100分钟或者冒险跳车。有次放学晚了没赶上列车，就搭货车回家，火车到站不停，心里慌了，赶紧抓住火车进站减速的机会冒险跳车，手脚都摔伤了，好在都是皮外伤。

而今，从老家到镇上的毛马路变成了沥青路，乘坐小型公共汽车约20分钟；镇上到县城的路已经变成了城区干道，乘坐公交车约20分钟。

大学之路：“慢”“堵”之路变快速通道

到省城贵阳上大学的路全程大约130公里，有两种出行方式：一是到县城坐客车走120国道，道路弯拐大，车行速度较慢，不堵车的情况下，全程约10小时。如果遇上堵车，少则十一二个小时，多则十五六个小时，然而堵车是常态。另一种方式就是到艾田火车站乘坐列车，全程大约需要7个小时。

而今，从省城到老家，120国道被高速路取代，2017年又开通了贵遵复线，还开通了高铁，方便快捷，全程需约90分钟。据说老家即将动工修建机场，开通运行后，全程需约50分钟。

差旅之路：普通列车变高速动车

刚上班时，出差主要乘坐普通列车，速度很慢，到周边省会城市需要12个小时左右，到北京、天津、上海等地需要三天三夜。

而今，乘坐动车到周边省会城市只需要5小时左右，飞机1小时左右；乘坐动车到北京、天津、上海要9小时左右，飞机3小时左右。

40年来，贵州的路已经发生了翻天覆地的变化。当初狭窄的田间小路已经变成宽敞的水泥路；当初“晴天一身灰，雨天一身湿”的毛马路和弯弯曲曲的120国道已经被宽敞、快速的沥青路取代。当初人货混用的普通列车变成高铁动车。

出行路径和方式的巨大变化是贵州交通建设巨大变化的缩影，也是贵州40年改革开放巨大变化的缩影，还是全国40年改革开放的缩影。

苗岭晨曦动车高原行

第三篇

绿水

青山・生态宜居

因为品尝过饥渴的滋味，我们懂得生命之泉的甘甜；因为遭遇过干旱荒漠的吞噬，我们深知长溪与青山的宝贵。

小时候，“一条小河的记忆”是阳光在水面泛起的波光粼粼，是鱼儿成群欢快游向远方荡起的波浪声声，是小伙伴们卷起裤管提着鞋子你追我赶的笑声悠扬。那时候的我们，读不懂“农家”门口的“妙联”，只记得那一抹抹鲜红的对称，但却怎么也忘不了“梵净山上望苗乡”的壮丽。

往昔的色彩，或浓或淡、或长或短，在我们心里荡漾开来，那些已逝的青春和懵懂，带给我们成长与未来。

一条小河的记忆

——我与清镇改革开放40年

文 彭庆丽

每天，吃过晚饭，总习惯沿河走上一段。习习的凉风，吹动迎春花如瀑布般垂下的枝条，不时抚过脸颊，平整的青石板铺成健康步道，潺潺的河水在脚下流淌，一天的疲乏不知不觉消散。

这条叫东门河的小河从东门一直流到北门，20世纪六七十年代出生的清镇人对它都再熟悉不过了。清而浅的河水中，有处不深的河床，放学后、假日里，那里便成了小孩子的天堂。尼龙布做的裤子把腰扎起来，朝空中兜一圈，灌满了风，再把裤脚扎起来，围成一圈，就成了一个“游泳圈”，会水的、不会水的，都跳下去扑腾。

小河上有座桥，叫北门桥，沿着河走一段，有座石头砌的石塔，叫梯青塔。听老人说，一大户人家运势不平，于是出资修建了这桥和塔。桥似一张弓，塔似支箭，利箭脱弓，挡住煞气，修路架桥，造福乡里，从此这户人家家运亨通。老人讲述故事时，表情严肃认真，孩子们小小的心灵里顿时萌生神秘的紧张感。自此从塔边路过，便不再敢大声说话，生怕触犯了神灵。

不过，过了石塔，沿着小河一直走，所有的害怕很快就会抛到九霄云外。前面，就是豁然开阔、波光粼粼的老马河。顾不得一路奔波劳累，年龄稍大的男孩子跳到河中畅快的游泳，胆小的孩子就用细细的竹竿钓起“趴地鱼”。运气好时，“趴地鱼”的尾巴上还咬着一只小河虾。

20世纪80年代，物资匮乏。孩子们两手空空从家里出发，一路追打着穿过山间地头，待到河边时，地里新长的红薯、萝卜、豌豆、胡豆，树上生涩的桃子、李子已把肚子填饱了几分。当然，有时免不了会被突然不知从哪儿钻出的狗狂追一路，甚至被庄稼主人抓住责骂几声，但都影响不了孩子们欢快的心情尽情玩耍一天，回家路上，家中兄弟姐妹多的，大家齐动手，在田坎边挖上一筐河贝，晚上的餐桌又多了一道鲜美的野味。

有了这条小河，记忆里便有了许多温暖的片段。我们的童年，也在那无边无界的田野小河边，在放肆撒野中，悄悄流逝……

上了初中，我便很少再去那条小河。那时的河水已不再清澈，自从一次在河水中徒步从下游走到上游，得了很严重的脚气后，我就再也没下到河里。后来，小河上游工厂生产排污，河水发黄发黑，水里青绿的水草腐烂发臭，远远就能闻到刺鼻的气味，人们也不再去小河边玩，就是路过也离得远远的，那条曾经给人们带来无限欢乐的小河，从此被人嫌弃。

远离小河的人们，不惜走很远的路，或是搭上过往的货车，到那座工厂漂亮的泳池游泳，到工厂的浴池洗澡。小小的城镇周边，一夜之间突然“长”出许多工厂，人们忙得不亦乐乎，那条小河渐渐不再有人提起。偶尔提及，也是不住地摇头叹息。小河，渐渐地在我的脑海里成了尘封的过去。甚至，那条小河是否还存在都不是很清楚。

再见小河时，已是多年之后。一天，单位通知说去小河清淤，我才突然

高原明珠红枫湖

想起那条小河。扛着工具来到河边的路上，一路茫然。穿过陌生的村寨，翻过建筑垃圾堆成的土堆，自己仿佛成了迷路的外乡人。终于，见到小河时，我惊呆了，小河两边已修筑起高高的、崭新的堡坎，青石板铺起宽宽的步道，护栏上刻着美丽的纹饰。而可怜的小河，还和过去一样又黑、又臭，躺在那里痛苦地呻吟着，像条关在漂亮笼子里的流浪狗。

泪水，突然滚出眼眶。

这还是那条可以肆意游玩的小河吗？我深深地自责，她健康美丽时，陪伴我们成长，带给我们那么多的欢乐记忆；而她病痛缠身时，我却离她远去，生怕沾染她的气味。那天的清淤，大家尤其卖力，一筐筐的淤泥从河道里挖起，一车车地运出……

后来，令人鼓舞的消息一个个传来。清镇市成立了全国首个环保法庭，清镇市检察院成立了生态环境保护监察局，破坏环境的犯罪被提起公益诉讼，垃圾清运车开进了村寨……上游的工厂渐渐地被责令停工了，空气中令人窒息的煤烟味没有了，河水里的刺鼻气味没有了。小河仿佛从地上爬了起来，久违的潺潺流水声又响了起来。

我们干脆在小河边买了房子。每天最悠闲的时光，就是晚饭后和丈夫沿着河边散步。沿路不断遇到朋友、熟人，平时工作繁忙，没想到小河竟让我们轻松相聚。“你看，那个水渠还在。”小河转了个弯，丈夫突然惊喜地指着跨过小河的水渠问我，“你小时候在上面走过没有？”“没有，我不敢。我同学走过。”看着这距离河面七八米高的窄窄的水渠，真纳闷十几岁大的小孩怎么敢爬上去。脑海里，顿时满满是儿时的记忆，甚至连当时的紧张害怕都还记得。

沿着河一直往下走。桥还在，虽然已不是过去的石桥。而最让人惊喜的是塔还在。梯青塔，原封不动地矗立着，周围修建了湿地公园。虽然不能像以前那样跳到水里，但把鞋脱了，光着脚走在用鹅卵石铺成的健康步道上，清凉提神的感觉会一下袭来，一天的劳累会烟消云散。

小河，我又回到了你的身边。我们从此，相依相连，相依相伴……

妙联品“农家”

罗达勋

周末早餐后，悠闲“农家乐”。在黔北“小江南”——湄潭百废正兴且成果斐然的今天，在湄潭人正健步奔向小康社会的今天，这已然成为当地人周末少不了的一种休闲方式。

那个周末，我偕友郊游到乌鸭坝。在满眼的绿色与清凉的夏风中，在一副副飘着墨香的妙联中，我着实感觉今日的“农家”别有一番风味。

刚到“郭家小院”，一副门联飞入眼帘：

山水丹青乡村景，田园放歌农家乐。

吟此联，观小院，的确，背倚青山，面向田舍，四周树木青葱，好不幽静！

登上院内古色古香的二楼，凭栏远眺，此时的田间，这儿一堆人，那儿一簇影，他们在一摞又一摞焦黄的油菜间闪动，有的在翻抱油菜秆，有的在抡起碾盖打轧，闪动的身影，隐隐约约的节拍，构成了一幅美妙的农家丰收图！

空旷的大地上，一股凉风袭来，夹杂着新翻泥土的气息，荡漾着农家优美的小调——扑鼻的乡土气息，让人倍感舒心！

进入“墨庄”，小院内主屋门框上的一副对联又吸引了我：

岩偏心正客常往，院小情深茶自香。

“墨庄”地处偏岩塘地界，“岩偏”两字可谓妙手偶得。“岩偏”何妨？主人“心正”，所以依然“客常往”也；“院小”何忧？主人“情深”，给游人宾至如归的快感，所以“茶自香”也。品着主人亲沏的山茶，回看此联，顿觉一股浓香扑鼻——何等纯朴的农家人，何等热情友善的农家人啊！

“墨庄”的一侧是“刘老根”。在“刘老根”处，与老板闲聊，还听到了一则妙联故事。

在偏岩塘兴办“农家乐”之初，年已古稀的刘老板也没落后。有天，他正在自家小院砌墙时，见到了一个很是面熟的人。他最终想起了此人的来历。这人是外地来的文化人，20世纪60年代初曾在偏岩塘这地方小住过。也算是故友相见吧，他们攀谈起来，最后刘老板请那位文化人为自己的“农家乐”撰写了这副对联：

浅砌围墙纳月色，多留青草听蛙声。

刘老板甚爱此联，他至今甚为感谢当时那位文化人留下此联的墨迹。

有人曾建议将此联中的“留”字改为“植”或“种”，但刘老板总认为不好。交谈中，我也谈了自己的浅见。我说“留”字才不愧是反复推敲所得的妙字。“植”“种”两字体现的是两种行为，有人为的痕迹，只有“留”才能表明青草出天然，才能体现出真正的“农家味”来。“多留青草”自然就能时常听到“蛙声”，听蛙阅景，这才是大自然原本的生趣。

兴许是受到此联的启发吧，“刘老根”的布局确实清新自然。的确，此联应当给我们经营“农家乐”的人莫大的启发，特别是在理念上。绵亘的青山下，无垠的绿色中，我们不需要高楼大厦，不需要洋房别墅，我们乐见的是小桥流水人家，喜爱的是大自然的原汁原味。试想，小院高墙，月色安能入户？融融月光下的美妙景致又怎能欣然进入眼帘？不多留青草，又何来青蛙的天籁之音？“明月别枝惊鹊，清风半夜鸣蝉。稻花香里说丰年，听取蛙声一片。”这才是农家之味，这才是农家之乐。

粗粮土酒醇香出好手，野蔌山肴美味乃天然。

见此联，还未进入餐厅，已觉口馋。的确，在“农家乐”的餐桌上，对“农家味”的体味还会更深一层。

不必说素雅的木桌、木凳，藤编的几案、椅子，也不必说在空旷院落之中就餐的方式，单是那餐桌上的七八个菜，就会让人惊喜无比。清炒蕨菜、凉拌蒲公英、荠菜炒蛋、折耳根、野山笋，甚至还有车前草、马齿苋等，全是城里人没听说过或是常听说却难得吃到的纯绿色、原生态食品。它们要么是当地土产，要么就是野菜，乍看感觉难吃难咽，细观细闻却是绿色诱眼、香气扑鼻；放到嘴里，更是特别的清香，特别的可口。没有大鱼大肉，即便见荤也是腊肉、山肴之类，或是从临近河中钓来的鲜活鱼儿。加上土碗中飘散出的腊酒浓香，真让人难以停杯投箸。不是金樽清酒，不是玉盘珍馐，但就是那山肴野蔌、粗粮土酒，已让游客流连忘返。正所谓：

丰年不慕鸡豚乐，盛世高歌美满章。
可喜农家春浩浩，福音袅袅绕房梁。

的确，我们社会主义新农村自有其特殊的内涵。我们今天的“农家乐”是建立在百姓安居乐业的基础上的，已然成为人们释放心情的一方佳园，已然蕴含着人们对返璞归真的一份期盼。我们悠闲于“农家乐”，就是渴望领略“农家”独特的“农味”——农家人的热情纯朴，农家房的古色古香，农家山的青翠连绵，农家水的清亮甘甜，农家地的泥土芳香，农家菜的天然绿色，农家一草一木的……我想，即便我们用现代美学的剪子来修葺今天的“农家乐”，也千万不要改变农家源自大自然的天然，因为“农家”理当“农味”浓！

一番郊游，恍然有所悟：是悠悠的“农味”，让“农家乐”得以蓬勃发展，让“农家”得到实惠，让“农家”和游人享受到快乐。当然，这悠悠的“农味”，40年改革开放四溢的馨香，更是“四在农家”这一奇思妙想的神来之作。

在“农家”的空间里，行于垄，走于埂；小桥观景，临河赏曲，依山听心，望云驰神；品悠悠“农味”，悟“农家”真意，何等爽心，何等怡性！

梵净山上望苗乡

文 杨再桥

登上雄伟的梵净山顶，眺望大美的神奇苗乡，看到的是秀丽的绿水青山、蓬勃的富民产业、发达的交通网络和振兴的城乡面貌。目之所及，无比自豪。

请看，党的十一届三中全会以来，苗乡大地乘着改革开放的春风，牢牢守住了发展和生态两条底线，念好“山字经”、做好“水文章”、打好“生态牌”，发展绿色经济，既绿了荒山，又富了百姓。绿色成了苗乡的底色，真是无山不青、无坡不绿啊！请看那几个万亩茶场，一行行茶树好像一条条绿油油的玉带，缠绕着周围的每个小山头，一眼望不到边，那绿色的茶海成了游客们笑语欢歌、采茶品茗、拍摄婚纱、放飞心情的好地方。

请看，昔日的荒山荒坡变成了葱绿的精品水果园，那络绎不绝的游客正在采摘又大又红的红脆桃及黄澄澄的枇杷，即将成熟的水蜜桃、红桃、黄桃挂满了枝头，硕果累累，仿佛人们走进了花果山、迈进了蟠桃园，好一幅产业兴、百姓富、生态美的新农村画卷。

请看，铜仁凤凰机场架起了苗乡至北京、上海、深圳等发达地区的空中走廊；渝怀铁路修到了苗家古寨，列列火车呼啸着奔向远方；杭瑞、松铜高速，松印、松吉、迓大二级公路蜿蜒贯穿苗乡全境；客流、物流、资金流、信息流等要素在这里聚集，大开放、大交融、大发展的格局在这里形成。然而，在新中国成立前，苗乡只有一条破烂的玉秀公路过境，“炊烟两岸，鸡鸣相闻，而界至分焉”，是那时苗乡闭塞落后的真实写照。新中国成立后，尤其是改革开放40年来，苗乡人民在中国共产党的领导下，劈山斩石、越涧架桥，建成了综合立体交通网络。昔日羊肠小道，如今大道通衢，苗乡发展进入了“高速时代”。

请看，那数百个水库和山塘，就像一颗颗蓝宝石镶嵌在苗乡大地上，那汩汩的渠水滋润着万顷良田，绿油油的庄稼长势喜人，旱涝保收。这是苗乡抢抓国家西部大开发战略和水利部、贵州省人民政府实施水利扶贫试点的建设成果，苗乡工程性缺水和人畜饮水困难问题得到了有效解决。

请看，苗乡人民走悬崖、过峭壁、越河滩，把蓝天当纸、以铁塔作笔、用汗水作墨，实施了国家“电力扶贫共富工程”，立起了万多基杆塔，使苗乡在西部率先实现了“户户通电”，成为黔电外送的“电码头”和“桥头堡”。

请看，苗乡变化日新月异。县城高楼林立，景在城中，城在景中，景城融合；以产兴城，以城促产，产城一体；城镇建设实现了蜕变。特色集镇活力彰显，人居环境极大改善，城乡面貌焕然一新，乡村旅游方兴未艾。梵净山被联合国列为“人与生物圈”保护网成员，桃花源是“中国天然氧吧”，潜龙洞是“中国十大溶洞奇观”之一，苗王城是千里苗疆第一城；再看那“上刀梯”“下火海”苗族绝活惊心动魄、走出国门，苗家花鼓舞酣畅淋漓、剽悍自由，滚龙艺术威猛雄健、气势恢宏，苗族刺绣鸽子花系列产品还被联合国指定为和平礼品……一个特色生态的黔湘渝省际苗族文化旅游城市展现在我们面前。

风帆劲满已破浪，跨越发展正当时。改革开放40年来，苗乡大地发生了翻天覆地的变化，地方生产总值、农民人均纯收入增长了140倍，城镇化率、森林覆盖率增长了3倍，财政总收入增长了370倍……“人无三分银，斤盐吃半年”成了苗乡的历史，“全国平安建设先进县”“全国民族团结示范县”“国家级卫生县城”“中国十佳生态绿色宜居县”成了苗乡的名片。苗乡人民不仅站了起来，而且富了起来，正信心百倍、豪情万丈朝着党的指引方向，全面打响了精准脱贫攻坚战，沿着全面建成小康社会的康庄大道阔步前进，向着建设社会主义现代化强国的奋斗目标奋勇前进……

站在雄伟的梵净山上，看着可爱的苗乡，情不自禁唱起了我们苗乡的歌：“苗山美了乐开花，苗家富了笑哈哈，政策英明哈哈哈，苗乡笑了哈哈哈，金色的唢呐呀吹得喇喇叫……”

站在雄伟的梵净山上，面向长江，面向黄河，面向北京，又情不自禁地唱起了儿时就会唱的歌：“我爱北京天安门，天安门上太阳升……”

第四篇

民生

『小』事·幸福『大』事

秋天是收获季节。生命之秋充实宁静，淡泊辽远，它不像春天鸟语花香，不像夏天热烈无边，也不像冬天寒风凛凛。

新时代的智慧果实，是一部普通的“菜篮子进化史”，它成为万千家庭的幸福缩影，见证着“80后与时代的心跳”，承载着“耄耋老人的幸福生活”。于是，我们看到了“绿水青山”的颜色，享受了“天堑变通途”的便利，体验了“出门硬化路、抬脚上小车”的喜悦……智慧果实，变成新生活的色彩与味道，在我们心里慢慢绽放。

耄耋老人的互联网幸福生活

彭邦卿

改革开放40年后的今天，互联网已普及城市、农村，遍及家家户户，男女老少都离不开，成为人们学习、工作、生活的新空间，也成为获取公共服务的新平台和人们幸福生活的标志。像我这样的耄耋老人也享受着互联网带来的幸福！

互联网普及带来的幸福，年轻人甚至小学生早就在改革开放初期就享受到了。这种高科技与老年人有缘吗？特别是像我们这样的耄耋老人也能享受吗？10多年前，我75岁时去办公室，看见年轻人坐在电脑前，纸笔都不用，手敲键盘办公，两个孙子在家做作业也用电脑。他们用电脑做些什么？我完全摸不着头脑，一点不懂。想到自己也是工作几十年的老干部，竟然看不懂如何操作电脑。特别是干了几十年摄影工作，年轻人拿数码相机向我请教，我傻了眼，常红着脸歉意说："对不起，我不懂。"啊！不学电脑、不会用数码相机，不接受改革开放的新事物，要被抛出业界、被社会淘汰。怎样摆脱这窘境？一天，我鼓起勇气向孙子求教，问道："你们教我用电脑上网行吗？"他们笑嘻嘻说："爷爷！你做梦吧！"言下之意电脑不是老年人可以学的，我也觉得言之有理。但是，我并不死心，总要拼搏一下，找老年人学电脑的地方。后来听说贵州老年大学是老有所学的学堂，就去咨询。当我得知有电脑班时，就喜出望外去打听。一天，我从教室窗口往里窥视，看见不少白发苍苍的老人在埋头学习，心想他们能学我为什么不能学？等到他们下课走出教室时，在门口拦住一个白发苍苍的老学员问："您老贵庚？"他答："81。"啊！我才75岁，难道还不敢去学？国家给了这样好的学习平台，不去学习就是自暴自弃、自我淘汰，过不了这关，就融入不了现代社会，享受不到改革开放带来的幸福。

2005年秋，我进贵州老年大学电脑班学习。第一学期学打字办公，第二学期学上网，第三、第四学期学photoshop处理图片。老师根据老年人学习易健忘的特点，教材详细，教学耐心，我们用笨鸟先飞的办法，老师讲课时耳听手写，把每个操作步骤详细记录，回家做练习，忘记了就翻开笔记本复习。记录本就有3本。人家复习1遍，我复习3遍，熟能生巧，不再怕健忘了。功夫不负有心人，学了4个学期，终于学会电脑常用的操作知识，学会查资料，打字写文章，上网看新闻，还学会photoshop处理图片。在老年大学学习结束后，我继续参加贵州省老年摄影学会办的QQ电脑班再学习，每周1次，8年没有间断，至今还在学。把学习当作生活的必需，越学脑子越灵光，一点没有老了学不进的感觉。由于坚持长期学习，做到与时俱进，所用软件不断更新，出现新玩意都能及时学习使用。

学会了用电脑，便触类旁通，数码摄影、手机网购、玩微信、聊QQ等各种社交工具使用自如，尽情享受着互联网带来的幸福。

有了互联网这“免费邮差”，发信息不花钱又迅速。改革开放后国内外朋友多了，交流也多了，特别是老人，更喜欢交朋友。回想20世纪80年代与海外朋友交流的尴尬事，更感到今天的幸福。1985年8月，我随中国摄影家代表团去新加坡作交流，在各种场合介绍贵州丰富多彩的民族风情，当地摄影家听后纷纷表示要来贵州拍照，并在东南亚各国和我国港澳台地区摄影圈相互传播，大家都想和我交朋友以便来贵州拍照。1988年春节，我收到新加坡、马来西亚、日本的摄影朋友寄来的140多封贺年信，表示要和我交朋友，这就使我发愁了。我算了一下，全部回复，买贺年卡和邮资，需要1400多元，可是我当年每月工资只有182元，全部回信，半年工资还不够啊！贺年信是写我个人的名字，属于私人信件，又不能用公款报销。我对马来西亚挚友陈乃豪先生说：“同你们交朋友，寄信和打电话的费用，全月工资都不够，交不起朋友啊！”他好心地说：“你把马来西亚的信寄给我，我给你转寄，你可以省很多寄费。”我只好按照他的意思，只给每个国家和地区在当地有影响的人寄一张贺年卡，在卡中写上所有给我寄贺年卡人的名字，请他分别转告我收到他们的贺卡愿交朋友的心情。以前的这种困境，有了互联网，用E-mail、QQ、微信就都迎刃而解。现在只要动动手指，敲敲键盘，想发哪里就发哪里，发多长文字都只点一下“发送”，对方立即收到，还不收邮费。我加了20多个微信群、QQ群，与200多位朋友成了微信好友，可以随意聊天。点开微信、QQ视频聊天，就像和朋友坐在身旁聊天一样，看得见、听得着，不论聊多久，都不花话费。马来西亚陈乃豪虽隔大洋，时常微信聊天，保持深厚的友谊。通过微信、QQ就可及时了解国内外发生的大事，朋友间发生的事，真所谓“秀才不出门，能知天下事”。有这么多网友，真是朋友遍天下，绝没有老人的孤独感。

有了互联网“老师”，遇到问题可随时解决，查找资料，随时可得。我主编的《贵州摄影史话》遇到不少摄影史中的学术问题，如果去图书馆翻书，要花很多时间，现在只在网络上搜索一下就解决了。用电脑常常遇到问题，不用求电脑高手上门指教，百度一下也能找到解决的办法。特别是生活中遇到的难题，在互联网中都可得到解答。互联网还使我提高了photoshop处理照片技术，让我跟上数码时代的摄影，我不仅会用数码摄影，还会把过去用胶卷拍摄的照片，扫描成电子文件保存使用。

有了互联网“医生”，遇到病情可以上网查询，做到心中有数，就不会慌乱无措。我患分泌性中耳炎，上网找到发病原因、治疗方法，哪家医院治得好，并在网络上直接咨询医生，十分方便。特别验血单项目很多，指标复杂，往往看不懂，每次化验单不正常的指标，都上网查清楚有什么危害，以便生活中注意。老年人病多吃药多，时常忘记药的吃法，怕吃错药，遇到这种情况上网一查，好多医生都会回复。

有了互联网“大仓库”，所有资料都可保存，使用、查找十分方便。我拍摄的照片及时分类存进电脑，写的文章、资料也都存入，就是许多重要来信、QQ、微信中的好文章，也都转存进电脑。过去几十年拍摄的胶卷照片，也自己扫描成电子文件，分类永久保存。为防止损坏，另用移动硬盘作了2个备份，坏了1个，还有备份。有的还在云端存储备份。这么多的资料，只用了几个硬盘就够存放，并且使用、查找很方便，否则，装在1个大柜子里，查找多么困难。

我这个耄耋老人，也能和年轻人一样享受着现代化互联网的幸福生活，给晚年生活增添了无限乐趣。我现在每天都离不开互联网，每天都要上网看新闻、查资料、写文章、做照片，其乐也融融。

看病印记

◎ 李万军

三病两痛有时候是人常遇到的情形，而且很多小病如果得不到及时诊治，会变成大病。

我常对爱人和孩子说：“我们小时候生病是用身体扛，扛得过就在，扛不过就晒（死亡之意）。”

我的家乡在乌蒙山腹地的乌江上游山岔河畔。

听父母说，在1964年、1967年和1974年，两个哥哥和一个弟弟被病魔夺去了年轻的生命。

记得15岁那年，即1984年秋，我不幸生了一场大病。

那时的我只感觉头昏脑热吃不下饭，四肢酸软无力，整天就想在温暖的阳光下躺在宽阔的石板上睡觉。

父母亲不知道我生病了，看到我无精打采，认为我被不干净的东西缠身，就去请来了村里的大妈为我降魔驱鬼，在家里跳了几个晚上，我喝了不少化钱水（把纸钱烧化在水里），但不见好转。

后来，我开始便血，父亲才开始着急起来，感觉我病情严重，便抱了只大公鸡翻山越岭10多公里到公社卫生所请来了仅有的那位赤脚医生。

医生反复看了后，说我得了伤寒病，会传染，把20片氯霉素放下后，就饭都不吃匆匆告辞。

也是我命不该绝，两个月后竟慢慢好了。一次父亲去赶集偶遇医生，医生问了我的情况后说：“我能活下来真是命大，全公社因为这个病死了不少人。”

因为有了这般经历，我发誓一定要当个医生，让村民看得上病。

天遂人愿，1988年，我考取了六盘水市卫生学校民族医士班，1991年毕业分到牛场乡卫生院当起了医生。

2000年2月，因为工作需要我改行调进了县城，因为路途遥远很少回老家。

2004年3月的一天，我的一个堂弟在村里打砂铺路时，不小心被砂机辗了大脚趾，当时在乡卫生院治疗未见好转。后来脚趾逐渐发黑，不得不到县里的一家医院治疗。

到了县城找医生看，诊断为左拇指创伤缺血干性坏疽。医生说要把它切掉。

交了1000元住院费后，过了两天，医生给堂弟做了手术，当时想一个脚趾，交1000元足够了。可是手术下来，医生告知只有100多块住院费了，抓紧找钱来交。第二天堂弟向我借了300元交上。可到第三天时，医生又通知只有30多块钱了，无奈我又借他300元补上，又输了3天液后，堂弟执意要出院。他说为了治这脚趾，家里已欠了不少的债，生计都成问题了。

堂弟出院时说："早知道治这脚趾要花3000多块钱（在乡卫生院和村里又花了近2000元），我就不治了。"

临近2006年春节，我接到老家大哥打来的电话，说父亲生病了，起不了床，四肢无力，像是瘫痪了。

接到电话，我心里十分着急，急忙找车把父亲接来城里医治。

可是在县医院诊断不清病情，治了一周不见好转，反而加重。

大年三十的头一天，我就急着把父亲转贵阳医学院（现贵州医科大学）附属医院治疗，经多天的检查，确诊为"格林巴利综合征"。到正月十二，看到治疗10多天的父亲病情好转，脚能走路手能活动，就出院回家吃药治疗。

父亲出院回到家，乡亲们遇到父亲就说："你好有福气，要不是你三个儿子，你老人家更老火了。"父亲笑着说："是遇到党的好政策了，要不是有这农村合作医疗，这病还真治不起呢。"

父亲出院后，我们算了算，父亲那次治病花费6万多元，还好合作医疗报销了大部分，再加上大病救助等补助，实际个人只承担1万元左右。

随着家乡宽阔的水泥路的接通，我就能抽出更多时间回家看望父母，渐渐地村里修建了卫生所，安排了医生，村民们看病不用往10多公里远的乡卫生院跑了，在家门口手持合作医疗证就能看病。

2018年5月的一个周末，我回了趟老家，看到父亲在门口坐着，好像没有往常的精神，我问父亲怎么了？父亲说：“头昏，下这石坎都不敢。”我摸了摸头部，没感觉发热，于是我扶着父亲去离家门口不远的村卫生室看。

在卫生室，医生看了看，认为父亲可能是感冒，准备开些感冒药给父亲服用。可父亲硬说不是感冒，如果感冒他是能感觉得到的。

为了进一步确诊父亲的病情，我们当即与贵阳中医学院（现贵州中医药大学）的胡蓉医师连线，胡医生问了病情，了解了服药史，视频看了一下父亲状况，就安排测血压看看。

村医把血压报给胡医生，胡医生思考了一会，最后说：“这老人家可能患的是高血压，是因为长期服用激素使血压增高。”

于是就安排村医开了降压药给父亲，叮嘱每天早晨服用1片。

因为有省城大医院的专家会诊，我便放心了，叮嘱父亲一定要按时吃药，把父亲送回家后，我就回城了。

大约3天后的晚上，接到父亲的电话，父亲说病好多了，让我放心……

如今，在六盘水市六枝特区，普遍开展远程医疗会诊体系建设，大医院结队村卫生室，通过远程会诊，帮助边远山村群众治好了很多疑难病症。

看病难、看病贵，在农村小病拖、大病扛，这些已成了渐行渐远的印记。

我家菜篮子的进化史

丁运时

20世纪七八十年代，我家4口人全指望爸爸固定的工资过日子，生活很艰难，除了买点便宜的青菜，一度还得到菜市场去捡些别人不要的菜叶贴补。

那个时期物质非常匮乏，菜市场也没有多少品种，我家一年四季多是萝卜、白菜、豆腐，偶尔过节才有点鱼、肉或排骨，还得提前去排队买。

随着改革开放的发展，家庭条件逐渐改善，特别是“菜篮子”工程推行后，菜的产量大幅增长，品种日趋多元，品质不断提高，市场供应越来越丰富，这一点从我家的菜篮子就能看出来。有一次，妈妈买了剥皮鱼，给家人“打牙祭”。剥皮鱼以前我们从未吃过，记得那年夏天，妈妈小心地将菜篮子捂得严实回来，告诉我们一个喜讯，说现在随着“菜篮子”工程建设的快速发展，剥皮鱼也进入了寻常百姓家。当时，剥皮鱼很便宜，只卖几毛钱1斤，而且肉质丰厚，滋味鲜美，可谓价廉物美。妈妈把鱼煎得金黄色，放上餐桌，成了道主菜，家人都很爱吃。

随着“菜篮子”工程的深入推进，各地经济融通，物流事业兴旺，贵阳农贸市场也在城市中遍地开花，一般的鱼、肉、蛋、菜应有尽有，一些相对冷僻的菜也不再难得，我家的“菜篮子”变得丰富多彩，就是平常日子，也从不会少肉了，至于蔬菜，反季节蔬菜更是层出不穷。后来，妈妈的菜篮子已不是家人关注的重点，即使是带回再多的鱼、肉，也激不起当年那样的兴奋劲了。

菜品的丰富也促进了妈妈厨艺的提升。我家的厨房一向由妈妈操持，厨艺向来有口皆碑，在困难时期菜不多的情况下，她总能想方设法给家人增加营养。如今不愁买不到好菜的时候，妈妈却一度嚷嚷着要“下岗”，这是怎么回事呢？

原来，什么菜都能吃得到，导致我们的口味越吃越刁，且众口难调。不过，妈妈也开始重学烹饪技术。电视里教烹调，她便全神贯注地学习，就连韩国电视剧《大长今》里的厨艺也是她“偷师”的对象，一有空就认真研究菜谱，大胆尝试，获得了许多的成功。一些餐馆的平常菜式，如鱼香肉丝、酸菜鱼等，她都做得像模像样，尤其是那道水煮肉片，更是成了家庭保留菜式。妈妈说，改革开放促进了生活水平的提高，我们的菜篮子也更丰富了，厨艺也要“与时俱进”。

我家的“菜篮子”总是在不断更新与进步，带来更多的欢乐与惊喜。现在，随着现代农业的兴起，绿色生态农业离我们越来越近。更多原生态、绿色健康美食走进了人们家庭，关注健康、关爱生命的理念也为人们普遍接受。

我到外地出差时，参观游览了当地著名的农业公园，并从公园的“彩蔬农场”精品蔬菜区，千里迢迢带回了颇具盛名的生态蔬菜，这是具有地方特色的生态蔬菜，是公园专属种植的特色美食。吃腻了陆地上的珍馐、海洋中的佳肴，妈妈精心地烹制了这些生态蔬菜美食，大家品尝后都赞不绝口，生态、有机、健康、自然，让这些蔬菜显得很宝贵，也让这些概念不再停留在纸面，而是真正地融入了我们的日常生活。家人要求我再购买些回来，好在我有同学在当地，让他代购很方便，后来在网上可以选购，于是我家过一段时间便能品尝一下正宗的农业公园的绿色生态蔬菜，过一把真正的绿色农业、生态蔬菜的瘾！

改革开放40年来，我家的“菜篮子”日新月异，一部普通得不能再普通的菜篮子变迁史，成为贵州成千上万个家庭的缩影，见证了时代发展的沧桑巨变，从一个侧面反映了改革开放年代里，绿色生态农业建设和发展的巨大成就——我们这个普通家庭的“菜篮子”中竟然增添了千里之外的农业公园出产的生态蔬菜，足证绿色农业、自然生态美食正在深刻地改变着我们的生活，为我们的生活增添了新的色彩与味道！

我的梦不仅仅是梦

口述 杨昌俊
执笔 张美铭

2018年盛夏的一个夜晚，我与妻子漫步在剑河县城江北岸边，青砖铺设的人行步道、绿树成荫的垂钓台、独具苗族特色的风雨长廊、古朴的木屋、悬浮在仰阿莎湖上的歌舞表演场、湖中悠悠闲游的小船、横跨仰阿莎湖的彩虹桥、来来去去的游人，在霓虹灯的照耀下显得格外繁华而有序，幽静而清闲，宛如一幅活生生的清明上河图。

我连做梦都没想到，能与家人在这样的环境中“梦游”。

45年前，我出生在剑河县敏洞乡麻龙村的一个偏远小寨里，我的父辈都是文盲，我也只是“小本”毕业，一没特长二没经商头脑。那么就有人会问，你怎么会到剑河县城来生活？这还得从国家的改革开放政策说开去。

还清楚记得5岁时，父亲带着我到包产到户的田里筑田埂、修水渠，插下属于我们自己的第一季秧。从那以后，我家就有了属于自己的“自留地”“自留山”“过年猪”等“大包干”的产物。

然而，由于家乡地处偏远，交通不便，信息闭塞，父辈们虽然努力地日出而作、日落而息，生活依然清苦，只能勉强度日。在这种恶劣的生产生活环境下，我上完小学就被迫回家与父辈们一起劳作，后来，娶妻生子，逐步接过了“肩挑背驼”的接力棒，开始了面朝黄土背朝天的“创业”之路。

那是严冬的一个早晨，我和妻子早早地挑着从炭窑里出窑一天的木炭，跋山涉水，步行10多公里山路到敏洞集市上去卖，等了差不多一天才把木炭卖掉。当我把卖炭得的钱送到在敏洞中学上初一的大儿子手里时，我父子俩真正体会到了“可怜身上衣正单，忧心炭贱愿天寒”的含义。

随着改革开放的步伐不断加快，20世纪90年代初，到沿海打工的浪潮传到“欠发达、欠开发”的贵州山区。我卖掉家里的耕牛，筹集盘缠，带着妻子抛下家里的老小到广东。初来乍到，人生地不熟。白天，我和妻子挤到广告栏找招工信息，然后逐个去面试；晚上，我们就选择最便宜的旅社住。由于是“新手”，而且文化低，很多厂家都拒绝了我们。半个月过去了，眼看盘缠就要花光了，妻子急在心上，我难在心头。好不容易，一家生产沙发的厂子收留了我们。虽然工资非常低，而且经常加班，我们也干了下来。从初级工到熟练工，我们的工资也逐年增加。但是，家里的小孩渐渐长大，上学费用也不断增多，加上收入不断减少，而且身体一年不如一年，医药费也不断增多，开支的压力始终把我们的家庭置于在贫困线下。

看着发达地区城市的日新月异，我们常常思念遥远的小山村，看着城里人陪着家人在公园散步，我们常常想起家里的老人和孩子，当《打工谣》的旋律响起，我们就会哭得泪流满面。“我们这漂流在外的打工生活什么时候是个头啊？”我常常对妻子感叹道：“打工供孩子读书出头了才能改变我们的现状！”妻子始终记住我俩定下的奋斗目标。

2012年11月，党的十八大胜利召开，出台了一系列的惠民利民政策。2014年底，处在贫困线下的家庭被精准识别为建档立卡贫困户，从此，大儿子上大学时每年享受“两助一免”8330元，小儿子上高中时每年享受“两助三免”4666元，给我的家庭每年教育方面的开支就减少了近1.3万元。我父亲生病住院时，每次都享受“四重医疗保障”优惠政策，基本实现看病治病“零负担”。我的家庭户还成为剑河县2017年易地扶贫搬迁户，被安置在剑河新县城的未来城小区，3室1厅1厨1卫100平方米的电梯房成了我们的安乐窝。而我通过培训后在贵州剑河园方林业投资开发有限公司上班，妻子在超市上班，有了比在外打工还高而且稳定的收入。父辈们除了帮我们做饭，就是到休闲庭和广场唱唱歌、跳跳舞，在校读书的孩子节假日回家来，全家其乐融融，我的家庭一下子从“地下”来到了“天上”，成了名副其实的脱贫户。

我的梦，不再是梦，它是实实在在的现实；我的梦，不仅仅是梦，它还是贵州省632万建档立卡贫困人口共同的梦。

我与改革开放40年

◎ 龙文杰

弹指一挥间，我已进入不惑之年。仔细想来，我家庭的生活经历，可以从一个侧面反映我国农民的历史变迁，也是改革开放40年中国农村由贫穷到富裕的一个缩影。

一

1977年的冬天，我在一个小山村里降生了，打记事起就一直住在那栋低矮破旧的瓦房里，每逢阴雨天，家中的泥巴地一片湿滑，桌子板凳的表面都会发霉长毛。直到1990年，我上中学时，父亲修建了3间大瓦房（我们住了17年），屋后有个菜园子，可以栽瓜种豆，一年四季有新鲜蔬菜吃。2007年，父亲又在公路边修了栋平房，一家人住在里面有了安全感，不再担心刮大风下大雨。2012年，我们举家搬进县城，小孩读书也十分便利。“居者有其屋”，我们的住房愿望实现了。

现在，老家依然空着的老房子与不常见面的乡亲，成了一段难以割舍的乡愁。

二

“耕者有其田”是中国农民几千年的梦想。实行家庭联产承包责任制后，我们一家老少人均近1亩农田，自食有余。每年除向国家缴纳一定数量的公粮外还卖一些余粮。作为那时的农村少年，我亲眼见证了这段历史。我清楚地记得，那几年，村里一派田园牧歌、家家户户春种秋收、五谷丰登的景象。

我家分得的一块水田就在大路边，每当亲朋好友来帮我家耕整秧田时，我就站在田坎上，看他们扬鞭催牛、犁耙水响，那情景，真好玩。前几年，这块田因为修路被征用了，现在每当我路过时，总会深情地望望它。

还记得那几年我和母亲去交公粮的情景。我们把颗粒饱满的粮食晒干，晒干后挑到镇上去交给粮站，每次都不甘落后。现在，非但不交农业税，农民种田还有补贴呢，老百姓能不高兴吗！

三

那时候没有学前教育，我们直接上小学一年级。在姊妹多的家庭，没机会读书的孩子会特别难过，也会埋怨父母偏心。但是，当他们成为家中的劳动力以后，不仅能理解父母，通常还会全力辅助弟妹上学。要是弟妹争气，成绩优异，便是全家人的希望所在。

我经常听父亲讲他们同龄人走40多公里路到县城读书的故事，使我感慨万千，觉得那时候读书真不容易。我上中学时已经有客车了，不用像父辈那样长途跋涉。但零花钱依然紧张，父母给的钱只够解决温饱。不像现在的孩子，随时可以到超市里任选自己喜欢的零食。

如今，义务教育不仅免收学费、杂费，还有生活补助和营养午餐，彻底告别了“冷饭时代”。学校都有了围墙，有了电子监控和安保人员，学习环境优美，教学设施完善，信息资源共享，让人足不出户便可认识大千世界。

四

为了控制人口基数，国家实行计划生育，提倡少生优生，鼓励一对夫妇只生一个孩子。然而，那时候，重男轻女的观念在老百姓心中仍根深蒂固，还有增强劳动力的因素，很多人躲计划生育早已司空见惯，导致计划生育工作成了“天下第一难事”。只要提到计划生育这档子事儿，各级干部无不觉得百般头疼。

不过，这都是20世纪末的事了。21世纪以来，随着生活水平的逐步提高，人们的思想观念悄然改变，开始关注孩子的生育质量和教育成本，不再一意孤行地违反计划生育，也不愿意多生孩子了，“生男生女一个样”的说法真正深入人心，独生子女在农村也占有一定比例。

可谁曾想，如今还鼓励生育二胎呢，我本人就是二胎政策的受益者。40岁了，还能够再当一次爹，真是幸福的人。

五

爷爷14岁就从吉安老家上了井冈山，跟随毛主席，跟随红军长征队伍来到贵州，却因病留在这里，成了地地道道的农民。“青山处处埋忠骨”，1987年4月17日，爷爷与世长辞，长眠于贵州这片深情的土地。虽然他没有留下令人骄傲的英雄事迹，但是他在这里洒下了革命年代的红色基因。

改革开放40年了，我可以到爷爷的墓前告慰他老人家了：

爷爷啊，您年轻时候的所有梦想现在都实现了，我们国家不再有硝烟和战争，国家政权已经牢牢地掌握在中国共产党领导的人民手中，全国人民安宁幸福，举国上下繁荣昌盛。尽管世界风起云涌，但看中国，风景这边独好啊！

改革开放40年，全国城乡发生了翻天覆地的变化，诸如上述的事例不胜枚举。如今，国防军事日益强盛，科学技术日新月异，经济发展突飞猛进，社会事业红红火火。有幸与改革开放同生同长，我感到无比骄傲、无比幸福！

从两代市场监管人的工作看改革开放40年巨变

雷俊林

20世纪70年代中期，我还是10岁左右的小男孩时，最佩服的人是我的父亲。他是我们家乡“市场管理委员会”的工作员，别看他平时不说话，每到老家赶集的那天，他戴上红袖套，上面印着“市场管理革命委员会”几个黄色大字，带上1个市场协管员，两个人就将上万人赶集的市场管理得井井有条，看到摆放超出线外的蔬菜篮子，只要大喝一声，售卖者就马上规规矩矩退到界内。这种气势让儿时的我有了在小伙伴们面前吹嘘父亲的底气，他们都羡慕我有个干市场管理工作的父亲。

那时，市场上商品流通实行禁止性管制，在集市上有种人最怕见到市场管理员，那就是贩卖当时认定为违禁商品的人员，他们躲着藏着进行交易。因为20世纪70年代初期我们国家方方面面物资都非常匮乏，布匹、粮油是统购品，电池、牙膏、肥皂都是凭票供应，属于个体商人的禁卖品，所以小商贩只能揣在衣服里躲着卖，履职的市场管理人员则是火眼金睛盯着管，本该早一点就可以捉到，但在集市上大家假装玩猫捉老鼠的游戏，整个过程完全是心知肚明。因为广大群众有购买这些商品的需求，商贩们又要养家糊口，市场监管人员不能不同情群众，这场游戏其实就是睁一只眼闭一只眼，糊弄过去就算完事罢了！当时国家财政困难，市场建设管理的经费要靠市场管理员收取管理费来建设维持。父亲他们就左手拿着票夹，右手握着圆珠笔，紧挨着每个摊贩5角、1元地慢慢收取。因为商品供应不足，市场又没有放开搞活，固定摆摊售卖的只有一些粉面、狗肉汤锅，还有一些农业生产用具，摊位少得可怜，每到月底他们都在为怎么完成任务而发愁。

那时候，每逢赶集天最热闹的地方，要数供销社门市、粮管所、食品站。

人们拿着好不容易凑齐的布票、粮票、油票、肉票、糖票排队购买生活必需品。因为大多数人囊中羞涩，都是远远看热闹，过过眼瘾，有想法、没办法，看到人家买到中意的物品，只能是望洋兴叹而已。偶尔有一些不想打光棍、又得到父母疼爱的小伙子，怀揣着全家人几年节省下来的几张布票、几十块钱，赶早就来排队，虽然在烈日下暴晒得满头大汗，但是想想马上就能捧着新布去为娶媳妇下聘礼，心里还是乐滋滋的！

这就是改革开放前我们国家市场的真实写照。由于商品严重缺乏，就演变出了形形色色的“供应票”，如果没有这些花花绿绿的票据，想购买到适用的商品就比登天还难。因此，那一代市场监管人员的主要工作是收费和打击投机倒把，不用去检查商品的保质期，更不用担心商店存放有过期食品，当然不用去检查在市场上是否存在冒牌产品、伪劣产品和违规的广告用语，因为所有商品都是国家计划生产、计划调拨、计划供应。正因为当时整个国家的商品流通按预先编排好的运行程序运转，不可能在某个环节存在市场行为，所以不存在真与假，更不可能存在公平与不公平，不需要市场管理人员去管理维护。

一晃，时光过去了40年，我的父亲也于10年前去世。我时常情不自禁地回想起许多往事。一次，也许因为冥冥中对父亲的挂念，我回到老家去赶集。很多年没有去老家的集市，那次的所见所闻，让我感慨万千。40年前赶集的地方，原是个烂泥遍地的乡村坝子，现已变成了现代气息浓厚、干净整洁的美丽城镇，可赶集的人却少了很多，可以说集市已经失去了原来的内涵。或许是因为人们的生活节奏加快，没有人再去借赶集之名闲逛；因为生活水平提高，也很少有人想借赶集混上一顿饱饭。所以，现在每逢到赶集天比平时多不了几个人，想购买生活必需品的群众不用来赶集，因为各个村都有生活超市了。原来一度热闹非凡的供销社、食品站、粮管所早已经不见踪影，替换它们的是一排排别致的商场、餐馆、酒店。当然，还能看到街道旁的椅子上坐着三三两两的中老年人，他们有的在唠唠家常，有的坐在树荫下看着来往的行人，一副对生活心满意足而又惬意的样子！在集上闲逛了好久，没有看到排队的门店，更没有听到“市场管理员”的吆喝。

我当过七年的教师，又先后在乡镇、旅游景区等部门工作了23年。2015年我按照组织的安排，调入市场监督管理局工作，继承了年少时为父亲引以为豪的衣钵。不过现在的工作内容已经彻底改变了，生活物资供给从极度匮乏转化到非常充沛甚至过剩的程度。人们已经不再为了吃饱穿暖而发愁，生活的超市遍布了大街小巷、城市乡间，现在不会存在排队购物的现象，反倒是购物者挑选比较出名的品牌，根据需求挑选产品式样、质量，按照行情进行讨价还价，用价格、品质反复进行对比后购买。市场上已经不存在小商小贩的盗卖以及管理人员尽责的呵斥，昔日躲躲藏藏的私底下交易，已经转变成市场上用漂亮的门头吸引客人，用优良的推销服务取胜。过去的强制性市场管理已经不复存在，除了国家法律法规确认的毒品、枪支等违禁物品在市场上不允许出售外，工业品、农产品、工艺品琳琅满目，应有尽有，购买者除了携带人民币或者银行卡外，不用再费心收集、携带那些纷繁复杂的购物票据了！市场管理也从过去的硬性管理变成今天的依法行政；过去是通过巡查杜绝私自买卖，现在是维护公平交易；过去是逐一收取摊主店主的费用，现在是给他们提供优质的服务；过去是戴上一个红袖套就能收费加管理，现在必须着装亮证才能执法。

40年，我们伟大的祖国从农业到工业、从城市到乡村、从生产到流通环节都发生了翻天覆地的变化，对照我家两代市场管理员在改革开放前和开放后市场管理的工作重点，反映了市场供需关系的变化，当然也从一个侧面展示了我们国家改革开放40年取得的丰硕成果！

“80后”与时代的心跳

赵远勇

夜深人静，总爱泡杯清茶，手捧《寻味贵州》细细品味一番。不得不说，自己是个不折不扣的80后“吃货”。

这是一个最好的时代，因为赶上了新中国改革开放的黄金时期。1988年，十一届三中全会召开满10年，此时我出生在红色革命根据地遵义。

此后30年，在最美的年华，感受着时代脉搏的跳动。自我成长的点点滴滴，社会发展的翻天覆地，我想我只是“渺小”的亲历者。

万元户

孩提时代，犹记得走路“跑校”读书的岁月。羊肠小径、翻山越岭，习以惯之一天两个多小时的路程，这让妈妈心疼不已，但还得继续送儿上学，因为读书才是唯一走出去的路。

10岁前，听闻最多的词汇是“万元户”，吃饱穿暖是群众奋斗的“目标”，农村要吃好或者穿好非常困难。那时候，吃顿肉叫“打牙祭”，穿新衣服叫“过年”，1个村里有1万元的人家就叫“大富人家”。那时候，我心中最崇拜的是老师，因为老师每天不用肩挑背驮，其实那时候老师们的工资也不过100多元。

最好奇的就是，村子里到底有几户“万元户”。像以种地为生的父母这样，难有存款上千元的。大家都羡慕能经常吃肉、穿白衬衫，甚至做点生意，或者“吃公粮”的人家，那叫“小康生活”。

20年后，再回小学母校，发现早已拆掉木房盖起了3层平房，添置了现代化的教学设备。孩子们不再“跑校”，还有了营养午餐。

要致富先修路

“知识改变命运”，这是老师开班会经常说的一句话。课里课外，我们一边寒窗苦读，一边眺望未来。“走出大山、改变命运”是我们漫漫求学路最有力的动力。

大山深处，环境制约了发展。于是乎，修路成了最重要的基础建设。从村里到镇上、到县城，大巴车要颠簸一路，耗时4个小时却只能跑60公里的崎岖山路。

几年后，遵义至落炉的水泥路贯通。村民们开始陆续“进城”，村口有户人家还装了电话。一时间，广播里不停地通知村民半小时后接电话，那肯定是在外地打工的儿女打给种地的父母。

就在那10年间，村里通组公路、入户路，逐渐修通。村民小组开会，集资投劳修路成了最主要的主题。成片成片的果蔬种植，借助一辆辆卡车“出山”，尝到甜头的“弄潮儿”家里都建了砖房、添置了电话。

10年后，外地工作的我重返故乡。柏油路已是四通八达，不少村民已经有了几辆车，有必备的农用车，还有出门吃酒或是旅游的小轿车。时代证明了“要致富先修路”的真理。

同步小康

这10年，从象牙塔走出来，入公职，在基层一线服务群众；这10年，求学期间的雄心壮志，化成了一步一个的踏石留印。

2012年9月2日，我开始了在少数民族地区丹寨县扬武镇一线奋战的职业生涯。走村入户传政策、兴产业成了上班的主旋律。

20来岁的青春岁月，恰好赶上了脱贫攻坚的大时代背景。易地扶贫搬迁、产业发展大会战、乡村振兴……这是对最美年华的最佳注释。一个普通的小镇，眼见着它成为一座移民新城，1232户偏远地区村民实现了“进城梦”。

走进田间地头，蓝莓种植有3000亩，中药材产业有2500亩，哈密瓜种植500亩、建成生态家禽养殖示范点5个……

我是幸运的，见证着2018年4万多人在全县减贫摘帽中不掉队，不掉一户、不掉一人。

“雄关漫道真如铁，而今迈步从头越。”改革开放40年，不是终点，而是起步。瞄准2020年同步小康，唯有实干，才能不负时代、不负岁月。

俯瞰下的三都水族自治县中和镇安塘村通村通组道路

见证奇迹

陈孟英　姜志根

1978年12月，十一届三中全会后中国开始实行对内改革、对外开放的政策，迄今已有40年了。这40年，我从幼稚走向成熟，又从成熟走向两鬓斑白。可以说，我们这20世纪60年代的人真正见证和亲临了改革开放由点到线的变化，由线到面的开花，由贫穷到小康的奇迹。

杂粮饭与白米饭

读小学时家里穷，一年到头难得吃上一顿白米饭。我家的饭一年四季都有变化：秋季是苞谷饭，冬季是小米红薯饭。春季是令人回味的，因为大年刚过，还可以吃上几天白米饭。一到正月十几，杂粮饭就上了餐桌，苞谷饭、小米饭轮流当值。小时候身体单薄、饭量差，每到吃饭时，我都要哭上一顿，因为不吃要挨打、吃又吃不下。我这辈子最忘不了的人是母亲，每次吃饭，她都把少得可怜的白米饭挑出来留给我，童年的时候只觉得母亲真好，现在回想起来，我最愧对的也是母亲啊！春季还可以勉强度过，到了夏季，就纯粹看不见大米了。那时候充当主食的全是杂粮：苞谷、洋芋、小麦……我最怕的就是苞谷糊糊了，我宁肯挨饿也不吃，为此我没少挨妈妈的棒子。有年大旱，家里连杂粮也吃不上了，父亲就上山挖葛根当饭吃……

这样的日子在分田下户后就不复出现。永远忘不了分田下户后的第一个重阳节，家家户户的粮仓满了，老老少少都乐开了花。父亲提了2斤肉回家，我和弟弟就一直守着母亲做饭，父亲吸着旱烟悠闲地吞云吐雾，母亲忙着张罗饭菜，烫、洗、切……心里觉得暖暖的，当肥肉的煎炸声响起，一股肉香味弥漫开来时，我能清晰地听到弟弟不停地吞咽口水的声音，我也好几次别过头去，悄悄地咽口水……母亲终于弄好了，满满的一碗肉啊！母亲刚把肉摆上桌，我和弟弟就迫不及待地伸出筷子，各自夹了块大肥肉放在自己的碗上，母亲笑了，父亲也笑了。多少年后，母亲都还拿这和我开玩笑。

好日子就这样开始了，杂粮饭从此退出了百姓餐桌。谁也不会想到，40年后，杂粮饭竟然成了稀罕饭，只是我依然不喜欢。

从自行车到摩托车

1989年，我毕业后被分配在天柱远口中学任教，当时我男朋友在剑河高丘乡新槐小学教书。由于分隔两地，不得不来回奔波。第一年，我们从堡子步行到南明，再从南明步行到敏洞，再到他的家乡新槐。即便年轻，我们还是走到虚脱。第二年，我们有了第一架自行车，当时好兴奋啊！可是到了上坡路段，依旧推得气喘吁吁。也就是这年秋天，我调到了剑河南明中学任教。1992年春，我们借钱买了台黑白电视机，那时候正在热播《乙未豪客传奇》，我家住在一楼，每到下晚自习时，我家的窗台上就挤满黑压压的学生，其实那时信号不好，可大家还是看得津津有味。

1993年，我们又借钱买了辆二手摩托车，这在当时可是南明中学的第一辆摩托车。随后又买了第一部手机，在人们的羡慕声中，我们艰难地还完了外债。二手摩托车故障重重，我们也因此经常困在半路。后来又下决心买来了第一辆新摩托车“南方125”。看着崭新的摩托车，心里别提有多高兴了。那时候，正是伊拉克战争打响，听报道说伊拉克相当富有，家家户户都有小车。心里半信半疑：“这可能吗？我们连买个摩托车都那么艰难，我们国家也许永远到不了这一步。”但时代的发展比想象的还要快。此后不久，摩托车开始普及，我家的这辆“南方125”在我们学校竟成了“老爷车”。2002年夏天，所有老师都集中到县城来考普通话，结果我们家的车出故障，落在车队的最后面。回来之后，我们又换了辆宗申牌摩托车。

我们的小轿车

换摩托车不到一年，我爱人就考了驾照，2006年，我们买了第一辆小轿车。当我们把车开到爱人老家时，公公婆婆老泪纵横，婆婆指着轿车抹着眼泪说：“你当年不是说，你盘崽盘得好，到时候你崽开小轿车来接你。现在不是来了么？”公公双手摸着轿车，口中喃喃自语：“不敢想，不敢想！”看到二老激动的样子，所有人都笑了。

是啊，的确不敢想！10年后，我们竟然又换了辆小轿车，而且像我们这样换车的竟然比比皆是！

谁也不会想到，改革开放才短短40年，能开上小车，村村通公路，县县通高速，高铁开到家门前！谁也不会想到，祖国竟然在短短40年间迅速崛起，一跃成为亚洲乃至世界的一颗新星！

马良用神笔描绘奇迹，刘谦用魔术见证奇迹，中国用改革开放创造奇迹。

改革开放，我们为你歌唱！

走回来、引进来、推出去、聚活水

——改革开放40年浪潮下永和村的嬗变与重塑

文 陈　龙

1978年，小岗村改革一声惊雷，跨过高山与川流，在贵州省铜仁市松桃苗族治自县九江乡永和村引起了不小的震动。“土地活了！”勤劳耕作的村民说得最多的一句话，诠释了土地等要素被以更灵活、更富效率的方式投入生产的过程。1980年，永和村过半的年轻人选择了祖辈不曾想象的谋生——离开“一亩三分地”，选择南下务工。

“走回来”

1987年，17岁的永和村民杨贵发，揣着从亲戚家借来的17块4毛8分钱，几经徒步、坐拖拉机、客车、搭火车离乡背井不远千里到广东打工。10年的心酸打拼后事业小成的他，忘不了万重山下的乡亲们仍然生活在不通电不通路的穷山沟里，毅然带着一本有3万元存款的存折与5捆电线回到永和村。羡慕沿海城市灯火辉煌，杨贵发决定让永和村通电。他的这个想法曾遭受长辈们的冷嘲热讽：“以你个人力量，能做什么？”可这非但没有打消杨贵发建设家乡的念头，反而越发激励他“把青春奉献在家乡”的热情。1997年春节前夕，杨贵发做通村支“两委”的思想，并自发召集其他返乡青年，挨家挨户做动员工作，元宵节当天，永和村成功通电，“那一刻大伙兴奋得抱头大哭”。

40年来，像杨贵发这样到深圳、珠海、汕头务工，最终又回到家乡的村民，不胜其数，他们用青春见证了永和村的发展：1998年，永和村通村路修建，137名返乡青年义务投工投钱；2005年，永和村修通3条通组路，54名返乡青年出资30万元……2017年，永和村实现通村路硬化；2018年，9条通组路硬化。如今精准脱贫工作进入攻坚期、关键期，返乡农民工的身影遍布每个项目的角落。

“引进来”

2017年，一位广东籍的厦门大学硕士研究生来到永和村，担任驻村第一书记，村里一下子像炸了锅似的。“不要说研究生，在我们村工作的本科生都没有，他还是广东人哩。”“活了大半辈子，这种怪事也被我遇到。”……在村民的纷纷议论中，第一书记说：“来到这里做驻村第一书记，我的感触非常深刻，村里的基础设施非常薄弱，整个村子都建在山沟沟里面，而且这里的村级小学没有五、六年级，三、四年级也没有英语课，这点让我十分诧异。农村和城市在基础设施、教育等方面相差实在太大了，希望能够通过自己的绵薄之力，让我们村和城市里的生活一个样！”

怀着信念和希望，驻村期间，第一书记带领群众改善村容村貌、发展产业。1000亩的油茶种植基地、178亩的油菜种植，50亩的珍珠花生、50亩的紫皮薯种植……不仅让村民腰包鼓起来了，更让村民有了小康生活的盼头。

“活了那么久，从没见过那么多外地的高才生一波一波地来我们村开展扶贫工作，他们都是好样的。要不是党和国家政策好，他们不可能被‘引进来’。”村民们对扶贫工作交口称赞。

“推出去”

2018年5月，一改过去单打独斗闯天下的外出务工模式，永和村成立劳务合作社。“我们在永和村民外出务工较为集中的沿海城市安排一人作为联络员，由联络员提供当地用工需求信息，永和村劳务合作社推荐符合条件的贫困劳动力前往就业。同时建立外出务工人员微信群，在实施精准就业的同时，也加强外出务工人员的管理与联络。”提起永和村劳务合作社，驻村干部黎俊说。

如今，永和村劳务合作社服务涵盖64户256人的建档立卡贫困户，已成功把32名贫困村民推介到人均月收入3800元的相关企业的不同岗位。32人就业牵连32个家庭经济的稳定，成就32个家庭新时代的致富之梦。

“聚活水”

2017年，得益于松桃苗族自治县交通局组组通道路扶贫工程，作为承建方，田建均第一次走进永和村。基础设施薄弱、产业发展缓慢是他对永和村的第一印象。在永和村生活短短半年，他被淳朴民风和绿水青山深深打动。“永和村念好‘山字经’，做好‘水文章’，打好‘生态牌’，这也是响应党的十九大报告提出的乡村振兴战略，同时也可以为脱贫攻坚贡献力量。”

2018年5月，在驻村工作组的邀请下，他申请加入永和村春晖社，同时积极联系北京北研大自然教育科技研究院，带领江华锦江怡苑小区业主委员会全体成员，着手挖掘永和村风景秀丽的“二十八道拐”和“神仙谷”养生、科普教育、社会实践、乡土文化及传承，打造1000万元的春晖产业。

像田建均一样，越来越多的外地商人被永和村的青山绿水吸引而来，投入到新时代乡村振兴战略的建设中来。

“欲问秋果何所累，自有春风雨潇潇。”今日之永和村，搭乘改革开放40年快车，精准脱贫步入攻坚期，农村改革进入深水区，乡村振兴火力全开，有“更上一层楼”的无限欢欣，也有“一山放过一山拦”的难题待解，无论开新局再扬帆还是攻艰险克顽疾，关键抓手都在坚持改革开放。

在那桃花盛开的地方

◎ 李贵伦

谁不盼望过好日子啊！可好日子在哪里呢？在水里？连水都喝不上。别看家家门前有井，全是枯井，青蛙都不愿呆在里边观天了。在梦里？大家晚上从没有睡好觉。都在想着下顿的着落，哪里还有做梦的心思？

年轻人都想方设法出去了。就几个老人，在那贫瘠的土地上，过着皱皱巴巴的日子。这就是空巢老人。但是老人们期望家乡变好的梦从来没有丢失过——他们相信党绝不会抛下任何贫穷而勤劳的人。

可是桃子湾实在太穷了，穷得连条像样的路也没有。老人们的解放鞋时常在陡峭的山路上，让稀黄泥巴（当地人称为大泥）扯掉鞋帮子。“要致富先修路。”也不知是谁最先开始挖路，反正没有人组织。老人们你一锄我一锹，硬是凭着老骨头拼了一年多，终于挖出了条拖拉机勉强可以通行的路。他们的干劲惊动了当地政府，第二年硬化路面的款就下来了。大家更铆足了劲，投工投劳，没日没夜。半年功夫，一条三四米宽的水泥路横亘在家门口，像条飘带，更像条项链，他们小心翼翼地呵护着。通车当天，大家奔走相告淌下了悲怆而幸福的泪。

近几年，党和政府提出发展乡村旅游，留住绿水青山，警醒了桃子湾人。有年轻人陆续回来了，带着自己的设想和计划，带着对未来的憧憬——宁愿当一块钱的老板、不愿打十块钱的工。政府自然欢迎返乡青年发展家乡，带头致富。

经过桃子湾几代人的反复协商，决定打出桃子湾名副其实的招牌，让桃子湾真正成为“桃子的港湾”——种桃树。老人们说，桃子湾以前是有很多桃树的，但在困难的岁月里全被砍下来烧了。这是他们做得最有负祖宗和对不起儿孙的事，所以他们想还原生态。

值得一提的是，桃子湾有个青年从外边回来了，还当上了村干部，他的上任无疑给贫困的桃子湾注入新鲜的血液。他发誓要把桃子湾打造成世外桃源。他带着部分村民上云南、下四川、跑重庆，找寻适合桃子湾种植的最佳桃树苗。终于在重庆找到这样的公司。通过多次组织村民到这家公司参观、考查、培训，大家一致认为这是家很有实力的公司。经过多方考察调研，发现它在全国还有多个水果基地。

公司也派相关专业人士来考查了桃子湾的地理条件，觉得适合打造生态桃园。但是，很多土地都荒芜了，荒草杂树横生，需要重新清理出来。大家起早贪黑，披星戴月自不必说。还采取大集体干活的方式，不分谁家的，一律挨着砍，有人还从网上买了铡草机、翻土耕田的多功能微耕机。老人们出去转了几遭回来后，相信只有依靠现代科技才能致富。

经过1个多月的艰苦奋战，终于有了眉目。公司指导员竖起大拇指：“见过干活的，没见过这样干活的，‘不要命’的干活。”

那段时间，乡亲们坐在任何地方都能睡着，实在太累了。有对80多岁的老人，和大家一样投入到劳动中，不分昼夜。大家还唱出了几十年前的山歌：

山歌好唱口难开，
桃子好吃树难栽，
大米好吃田难种，
情妹好耍哥难来。

这山没得那山高，
两山拉拢搭栋桥，
有钱妹妹桥上过，
无钱哥哥水上漂。

…………

他们唱啊、笑啊，忘记了疲倦。歌声跌宕山间，沉寂多年的土地又热闹了起来。

公司送来了桃树苗。村民们兴奋了，也发愁了。因为路在前两天下大雨时塌了方，只有靠人工背。大家又背上当年背救济粮的背篓，从四五公里外把桃树苗背到土里，花了整整3晚。那几夜，整条山路上都是电筒火把，真像条舞动的巨龙。看到这样的情景，村党支部书记苏浇掉泪了。他自己掏腰包为大伙每人发了20块钱的辛苦费。桃子湾人的这种愚公精神谁不佩服？！

桃树苗种下去了，也种下了大家的梦想。他们生怕有人和牲畜毁坏，日日夜夜派人轮流守着。公司派来了技术指导员，乡里派来了驻村协调干部，县里派来了监督监管干部，市里派来了巡视组。他们都被桃子湾人不屈不挠的精神感动了。

政府又拨款了。桃子湾的路扩宽到7.5米，纯柏油路面。村民们兴奋得彻夜难眠。他们发誓一定要把生态桃园打造出来。

春节过后，漫山遍野的桃树居然开了花，虽零零星星的，却给乡亲们带来了欢乐和希望。大家相约到山上赏花，扶老携幼，拖儿带崽。他们唱起了“在那桃花盛开的地方，有我可爱的故乡……”那声音气壮山河，那声音沉醉梦想，那声音声泪俱下，那声音饱含深情……

不远处，一条高速路横贯而过，延伸着桃子湾人的希望之梦。

盛世花开

——写在贵州改革开放40年之际

◎ 向泽周

十一届三中全会的胜利召开，确立了我国实行改革开放的伟大政策。此后，中国人民进入了改革开放和社会主义现代化建设的新时期。经过40年的不断探索前进，终于形成了一条适合中国国情的发展道路，取得举世瞩目的成就。贵州省在党中央的领导下，励精图治，上下求索，各市（州）真抓实干、埋头苦干，在新时代的浩荡春风中如花绽放。

贵阳·兰花

王贵学《王氏兰谱》有云：“挺挺花卉中，竹有节而啬花，梅有花而啬叶，松有叶而啬香，惟兰独并有之。兰，君子也。”贵阳作为贵州省省会城市，40年来响应时代感召，乘风破浪，改革开放，领跑贵州，造就了一座具有“中国优秀旅游城市”“国家森林城市”“国家园林城市”“中国避暑之都”“全国绿化模范城市”“创建全国文明城市先进城市”等众多光环的现代新兴城市。40年风雨兼程，春秋一贯，寒暑一色。贵阳于兰花，兰花于贵阳，无论寒冬酷暑，风霜雨雪，相得益彰，不改其绿意盎然。

安顺·桂花

“桂子月中落，天香云外飘。”安顺最著名的是“雄、奇、险、秀”风格皆具的黄果树瀑布群，作为贵州第一胜景、中国第一大瀑布、世界最大瀑布群，声名远播如桂花飘香万里。“捣珠崩玉，飞沫反涌，如烟雾腾空，势甚雄伟。”40年来安顺借力改革开放的东风，以规划为龙头，整合风景名胜资源，不断加大城市和景区基础设施建设力度，各领域火然泉达，馥郁芬芳。

铜仁·紫薇

“晓迎秋露一枝新，不占园中最上春。桃李无言又何在，向风偏笑艳阳人。”铜仁市改革开放的40年，从“吃粮靠两杂，用钱靠两烟”到“开发上山，开放出山，建设财源，实现翻番”；从“三个重点，三个带动，三个优先”到“一带双核”。在艰辛曲折中奋斗追赶，一路坚定自信，始终坚持把发展城乡经济、改善人民生活环境放在首位，全面深化改革，迈出改革步伐，破解发展瓶颈，扫除体制机制障碍，在淡淡的紫薇香中做着最甜美的梦。

黔南·刺梨

“食之解闷，消积滞；刺梨上市，太医无事。”刺梨既可作药，亦可食用，其生命顽强，不显不露，大益养身。黔南40年如一日，持续强化改革推动，持续推进农业、旅游、地产、工业、金融等领域改革；强化开放带动，抓好落实内陆开放型经济试验区政策措施，深度融入区域交流；强化招商引资，聚焦工业和实体经济，提高招商引资效率效益。正如刺梨花或粉或红、或淡或紫，默默生长、默默奉献，从未张扬，却已生机勃勃。

黔东南·月季

“花开花落无间断，春来春去不相关。牡丹最贵惟春晚，芍药虽繁只夏初。惟有此花开不厌，一年长占四时春。”月季花姿秀美，花色绮丽、四季不断，有“花中皇后”的美称。黔东南作为联合国教科文组织推荐的世界10大“返璞归真，回归自然”的旅游目的地首选地之一，历经40年的发展，铸就了黔东南多彩的民族文化、绚丽的民族风情、良好的生态环境。青山绿水、蓝天净土，古村落与原始森林、千年梯田、高山溪流、农耕田园融为一体、交相辉映，如月季多姿绚烂，常开不败。

黔西南·三角梅

“遍地欲燃灿若霞……共与山川作锦葩。”春暖花开，三角梅绚丽绽放，极像改革开放中的黔西南。回望这40年，黔西南沐浴改革开放春风而砥砺奋进，取得了丰硕的改革开放成果。经济社会迅猛发展、交通条件不断改善、城乡一体协调发展、城市面貌日新月异、环境保护不断加强、山地农业蓬勃发展、大数据产业加快发展、山地旅游持续井喷、人民生活水平持续提高。

遵义、毕节、六盘水·映山红

“何须名苑看春风，一路山花不负侬。日日锦江呈锦样，清溪倒照映山红。”映山红作为遵义、毕节和六盘水的市花，不仅因其数之多、花色之艳，更在于品格之契合。映山红扎根山野，恣意盛放，一片火红，热情奔放，与此三城的发展规程不谋而合，特别是革命老区、红色圣地遵义，具有光荣的优良传统和厚重的红色基因。40年来，遵义唯一国际城市之光广场音乐喷泉、毕节爱民广场、六盘水人民广场等见证了40年贵州的巨大变化和蓬勃发展。

改革开放40年，是贵州续写华章的40年，是贵州放飞梦想的40年，是贵州赶星超月的40年。党的十九大报告指出，中国特色社会主义进入了新时代。新时代将推动贵州更深层次的全面改革，铸就更大的辉煌，以崭新的姿态屹立于华夏大地，与祖国共成长，同奋进。

第五篇

『诗』歌改革·『词』咏开放

在40年的传承中，我们看见“乡愁在轻轻地飞”，我们见证了“故土的新生”，我们书写出登高、行稳致远的“中国传奇”。当一句句诗歌的韵声，飞舞着冲向我们，兰花、桂花、紫薇、月季、三角梅、映山红……一幅“盛世花开”的画卷，徐徐展开。

一片神奇的土地，总能孕育源源不断的光源，再微弱的光，也是刺向黑暗的剑。在这里，每一道光都照亮一个故事。我们是主角，也是观众；我们演绎黔之魂，也注视着黔之魂。一路风尘，我们依然穿越祥云、穿越时空、穿越历史，展翅翱翔。

十六字令·贵州改革开放40年赞（新韵）

◎赵芳祥

贵，
魅力中国一宝贝。
大数据，
贵阳最新锐。

州，
中国天眼撩神州。
向“黔”进，
“南”忘大桥头。

改，
毕节试验区卅载。
誓脱贫，
奋进新时代。

革，
克难攻坚勇担责。
新长征，
遵义炫国色。

开，
云天洞开炫苗寨。
黔东南，
醉美原生态。

放，
中国金州放光芒。
黔西南，
万峰披朝阳。

四，
黔东大门誉四驰。
铜仁人，
梵天铭斗志。

十，
十年磨剑奋起时。
飞瀑扬，
安顺展雄姿。

年，
凉都美名连年传。
六盘水，
决胜翻新篇。

赞，
后发赶超是贵安。
齐奋斗，
新区大发展。

贵州大地——希望的田野

铜仁赋

◎ 吴乐凡

巍峨梵净，桃园铜仁。地接巴蜀，毗邻湘鄂。武陵延绵千里，群峰滴翠；乌江穿梭万壑，城邑流彩。晨曦薄雾之中，鸟语声声；落日晚霞之间，唢呐阵阵。村墟古木缠藤相生，隔林犬吠鸡鸣互答。炊烟如雾如丝，牧音似埙似笛。铜仁之人远去，洪荒之力开疆拓土；铜人之仁回归，文明之气纳新吐故。四十载改革开放，雄关漫道变通途；一百年旌旗招展，大国气象泽五洲。美哉，铜仁！吾等唯有望洋兴叹，无力点染美景盛妆，空有壮怀激烈之志。

玉屏箫笛，闻名遐迩。蓝田日暖，美玉生烟。高原茂林修竹，气候微凉，氤氲成霜，滋养上品制笛竹篁。舞阳河水冰清如玉，重湖叠巘静处似屏。湘黔铁路穿境而过，杭瑞高速钻山而出。西电东送，北气南来，必经于此。汞都万山，名不虚传，朱砂水银熠熠生辉，明代永乐始采，二十世纪末封闭，因汞而兴，因汞而落。华丽转身为矿山公园，南商北贾，游人如织，玻璃栈道，络绎不绝。智者乐水，先民尚德，巉岩山涧清流，更名德江。名优特产，天麻最甚。黔北机场，坐落露青场址，与凤凰机场相望，振翼起航。传统民谣俚俗，自古清醇，有曰：塘头斗笠印江伞，思南姑娘大脚板。黔东首郡，乌江明珠。钟灵毓秀，地灵人杰。中天塔兴思南儒雅，府文庙藏科考大名。田秋科考之父，教育先贤知行合一；李渭理学大家，躬行君子上善若水。桃源飘香，莘莘学子指点江山；杏坛扬鞭，谦谦教师激扬文字。思林电站，凿壁开山断江流；思剑高速，横空越岭出岩岫。石阡热泉名天下，印江翰墨生幽情，松桃苗乡藏锰矿，江口衢巷露新颜。

梵天净土，汇山水之精华；藏龙卧虎，集日月之灵气。牂牁陈迹，夜郎旧邑。大音希声，大美不言。红金顶，西南佛教之圣地；光幻影，大肚弥勒之普照。板桥溪涧，亭阁暗流。习习清风，袅袅薄云。野猴与月儿相嬉，宿鸟和游人共吟。泉流漱石，侗家女浣衣浅唱；水击紫袍，苗家郎挥镰相和。十里锦江，渔舟唱晚；六洞岚光，村叟归樵。水晶阁，江中望月，历岁月之沧桑；大明边城，水畔濯足，感盛世之荣光。徜徉山水，感慨系之，微信电商，实为神奇。一带一路，巨轮远航。睡狮猛醒，泱泱华夏。手捧米酒，迎君来避暑之峰，武陵正源，天然氧吧。

欣欣兮予怀，歌以咏志，草创曰赋，肤浅心虚，虽情真意切，实为汗颜。时代春风，观念更新，敞开胸襟，以德行仁。翘首以待，人文铜仁谱新篇。山水铜仁，美也壮哉！

铜仁市区

中国传奇（组诗）

——庆祝建党97年和改革开放40年

文 韩中州

中国智慧

从追赶者到引领者
是中国自我超越的智慧
从后进者到先行者
是中国敢为人先的智慧
从站起来到富起来
是中国自立自足的智慧
从富起来到强起来
是中国自信自强的智慧
中国智慧，在电光火石中
催生一轮又一轮蓬勃的朝阳
中国智慧，在风雷激荡中
高扬一面又一面信仰的旗帜
中国智慧，在云蒸霞蔚中
完成一次又一次华丽的蝶变
四十而不惑
古为今用，内圣外王
从上下五千年华夏文明
传承民族文化基因
汲取中华元素精髓
四十而峥嵘
洋为中用，和而不同
从西洋东洋现代文明
输入工业革命血液
移植科技创新灵魂
行稳致远的改革开放
以俯仰古今登高望远的中国智慧
陶冶勇者不惧的中国精神
勃发仁者不忧的中国情怀
熔铸智者不惑的中国力量

中国故事

四十年前安徽凤阳小岗村
十八位村民以托孤的方式
在生死状上摁下鲜红的手印
写下中国改革开放第一页传奇
这平淡无奇的故事
当时是石破天惊的大事
一场改天换地的革命
自此风起云涌

一次革故鼎新的长征
从此荡涤尘埃
十一届三中全会
让山重水复的中国柳暗花明
“只有改革开放才能救中国”
南方谈话一语定乾坤
从包产到户的责任田
到经济特区的试验田
从深圳速度到浦东效益
从西部开发到东北振兴
从沿海沿江到沿河沿边
从中国入世到“一带一路”
从八面来风到五湖四海
检验真理的社会实践浪潮
一波波漫卷大江南北白山黑水
每一个角落发生的故事
每一个中国人自己的故事
每一个改革开放的故事
每一个故事背后的故事
起承转合荡气回肠
跌宕起伏扣人心弦
我们既是故事的主角配角
也是故事的听众观众
在至今直播的剧情中
耳濡目染潜移默化
写好中国故事
讲好中国故事
演好中国故事
成为每个中国人
每天拿手的好戏
每天自觉的生活
每天感人的故事

中国奇迹

四十年改革开放的长篇大剧
连续直播中国奇迹
一个个奇迹改写你我的历史
一个个奇迹改变你我的命运
一个个奇迹改造你我的生活
高铁舒适整洁的车厢
一枚竖立不倒的硬币
测试着风驰电掣的中国速度
一飞冲天的神舟嫦娥天宫
在五星吉祥的拂照下
遨游天地人间的中国梦想
太湖之光在极速运算
5G时代和“两个一百年”盛世的中国力量
天眼、蛟龙、“地壳”上下求索
窥天潜海钻地，探究天地奥秘
全方位聆听小小寰球的中国心跳
量子卫星在浩茫的天宇
射出穿越时光的中国通道
中国车、中国桥、中国路

中国船、中国港、中国星
一个个中国制造
打造一次次中国奇迹
一个个中国声音
响亮一张张中国名片

中国胸怀

八面来风吹开百年心结
暖日晴风消融世纪坚冰
改革让落后的中国
重拾纵横捭阖礼仪万邦的自信
开放让封闭的中国
重回恢宏大度俯仰天地的雍容
穿越梦幻的祥云和厚重的誓言
穿越时空的诗画与内心的花朵
穿越智诚的信念与创造的梦想
穿越历史的迷雾与时代的浮云
中国胸怀
在东方欲晓的云天豁然开朗
在风云变幻的世界从容应对
中国胸怀
是有朋自远方来的不亦乐乎
是胸怀民生、胸怀世界、胸怀梦想
是开放包容、公平正义、时代担当
是世界眼光、人类情怀、战略思维
是中国风范、中国气派、中国方案
上善若水、能歌善舞的中国
大手笔勾勒“一带一路”
合作共赢天下大同的宏阔愿景
让世界搭乘中国发展的快车
让中国梦与世界梦互联互通
高屋建瓴、虚怀若谷的中国
大气魄构筑人类命运共同体
让中国胸怀温暖世界
让中国模式贡献全球
让中国理念普惠人类

中国道路

一条条小路
步履生风，翻山越岭
贯通中国特色的道路
一个个脚步
步伐矫健，横渡江河
汇入中国模式的道路
我们走进一个最好的时代
我们通向一个最美的未来
一路繁花，睿智的目光
照亮中国开放之路
二十四番花信传红
二十四季花言树语
风生水起的中国
异峰突起，高插云天

一路风尘，开放的胸襟
拓展中国改革之路
四十年重整河山
四十年再造乾坤
展翅腾飞的中国

四方辐辏，通江达海
关山重重，长路漫漫
一块块路牌指向民族复兴
日月星辰，长河波涌
一座座路标崛起中国图腾

我与湖城三首（新韵）

◎高　磊

其一

何来此土疆？天降琥珀光。垂落东南斗，峥嵘动莽苍。
山寨青云矗，云涌雪波长。钟灵腾宝气，川流怒开张。
古今为扼要，茶马古行廊。西拱贵省府，北接修织荒。
沪昆穿境走，厦蓉通海茫。黔中红枫水，俯瞰一酒缸。
饮醉五湖客，滋风绿贵阳。玉屑春樱叠，琼树挂琅珰。
飞锦因风就，织女羞倚窗。待卸轻纱去，千岛著碧妆。
渔人眠灯火，扁舟好乘凉。三秋落霞色，四季竞摇芳。
园圃新农舍，隔村果菜香。百花白云外，细泽润周方。
罗带出城角，一水可望乡。东风重嶂起，遥遥悬玉浆。
琉璃青天落，酌饮雨雪雱。耐兹不止息，民庶富鱼粮。
回看明镜外，纷纷气脉藏。凹河绝天堑，斧辟九霄墙。
清湍激云乱，飞流阻鸟翔。断壑压眉倒，惊风透体凉。
崖树根无迹，突兀蔽天狼。白猫虽九死，顿足亦恐慌。
转滩阴晴异，怪石虎罴当。人家隔岸见，岸深不可量。
下窥探鸟背，踟蹰顾彷徨。壮夫应胆慑，不敢跃龙骧。

其二

旧时威镇地，富美今湖城。古来征战少，卫所据刀兵。

商贾自来往，百姓乐稼耕。人物出杰彦，生民齐蒸蒸。
代谢几更迭，山河仍纵横。大藩强财富，农工次第兴。
生态广种养，铝厂出山棱。后来兴职教，天津驱盛名。
六万来学子，莘莘比专精。主席亲垂访，激励当续赓。
积财何足贵，薄技可立生。丈夫四方志，何处无前程。
国家富强梦，科研乃先锋。教有师为范，化兼和者声。
东山梧巢凤，西岭玉冠缨。青角摩白日，画殿升冥冥。
弘法诸道场，岂在仙鹤腾？仙鹤乃虚妄，时光不可争。
小镇游客至，灯火夜通迎。抚栏尝美食，湖山当画屏。
萱草难忘忧，恣意深巷逢。仿佛三百年，身作古人行。
古迹诚可追，思如闲者凭。闲者得优裕，全仰先烈功。
近观载史册，忠诚有顺清。赤足万余里，护子到辽东。
将军经此地，整甲继长征。大娘欣造饭，所食胜肴羹。
今日一粒粟，当时血牺牲。吾辈当谨记，未可微言轻。

其三

吾乃异乡客，至清两余年。出学成吏卒，匆匆而就班。
清正世同守，流长后可观。取谐得所事，呕心亦所甘。
应命不可违，赋事迟启端。不足而立岁，焉悉四十年？
改革至如今，家国俱苦艰。但问路旁人，知之便不难。
从前忧衣裳，入秋不御寒。补丁又补丁，尺布不舍穿。
从前食粗粝，无汤用水掺。三月不知肉，知肉须过年。
从前茅草屋，四壁徒萧然。暴雨惧墙倒，冰雹不敢眠。
从前无车乘，肠路十八弯。清晨赶集去，夜深始得还。
从前无医生，生病最可怜。跑回几里地，人到阎王前。
从前儿读书，交粮又交钱。复嫌灯油贵，抱怨娃太专。

莫说四十岁，仿如地和天。老夫不愿死，愿活百来年。
仅向村中看，汝可见一斑。坦道通村口，轿车列两边。
家家小洋楼，户户果菜园。白墙出细瓦，绿水映青山。
吃穿皆不愁，时尚赶前沿。孙儿入学校，书本全免单。
考中可贷款，父母心底宽。年初缴合医，生病不愁烦。
更有扶贫策，群众强后援。种养得利益，就业优惠先。
小康即在望，昨梦非笑谈。老丈言甚是，恳切无讹偏。
若得众戮力，金石无所坚。幸福居城乡，庇护少寡鳏。
党政军民学，一一绝腐贪。德法兼善治，天人乐自然。
命运同本体，国盛天下安。任重兹道远，好梦正扬帆。

有一种向往叫乐居

文 黄筱龙

我的快乐老家乐居
在黔东北大山深处
一村挨着一村
一寨连着一寨
乐居的天空很蓝
乐居的云朵很白
青山绿水
牛羊成群
鱼儿鲜美
稻谷芳香
崎岖山路已成历史
组组通路四通八达
时尚水果满山遍野
李子桃子硕果累累
一辈子种苞谷的老人
培植供人观赏的花草
移民新村欢声笑语
老百姓住洋房不再是神话
乐居人民安居乐业
实现了新时代农民的向往

黔之魂
——写给贵州改革开放锐意进取的40年

罗迦勇

一

群山如怒江流奔腾
千年历史的风骨与蓝天对视奔流不息
那一声声轻叹宛若过往
“天无三日晴，地无三尺平”的呢喃
伴和国富民强铿锵的激迈征途漫漫
滋养一方社稷地方血脉的兴盛繁荣
流经岁月千回百转落地生根
浸润风华秋实的记忆一如往昔
人群的旷野翘盼永恒的汁液
润泽龟裂的目光，风干的想象
故土家园的期待像父辈不老的镰刀
收割季候风的起起落落划破经年的苍穹
秋天盛会的心思憨厚朴实
谛听劳动与汗水酝酿的喜悦
金黔大地激情跌宕时代的步伐泼洒春潮
天有多高地就有多远
蔚蓝色的梦想背负父老乡亲的嘱托
启开太阳沉寂的热恋和畅想
吹响千年守望的号角

引吭高歌温情飞扬
血浓于水的根脉纵横交织于大街小巷
顶暑冒寒披星沐月艰难跋涉
记忆犁耕在花朵与果实、根与大地
微妙的相依相存的情结里
明净的日子可曾知晓朝来寒雨夜来风
你奔波劳碌的省略留下全部的美丽
被连缀成了繁星闪烁的故事
心随风舞动无限春光
…………

二

问渠哪得清如许，为有源头活水来
深情的期冀溶化了不解冷漠的心窗
多少无眠的夜晚流淌着最真实的向往
抬头仰望感喟充足的生活阳光
人生海洋的深邃川流不息
却忽略不了内心深处火焰般燃烧的
强烈而持久的感慨和振奋
面对既已选择的路径无怨无悔
你深沉执着的脚步无法掩放
花瓣般绽放的心情在曲折蜿蜒的山道上行进
熠熠闪光过往交叠的光影世界
透射绿叶对根的情谊哺育未来
生命的美丽不在于只拥有花开时节
默默的付出同样也能显现生命的馨美

四十载一路走来风雨兼程翩飞升华
纯净的心田，矫健的身影
包容烈酒般的豪情淡茶般的敦厚儒雅
涵养正义和清廉谈笑风生追求卓越
属于自己的日子与事业共同分担
丰收时代的春潮从不懈怠
无论应对的是否平淡或者精彩
坚毅的信念尽管不能预料未来
却用勤奋和智慧眷写生命的释义再攀新高
锐意创新、奋勇前行、开拓进取
贫瘠的土地因之丰饶，富足的人们因之雀跃
收获的一半是乡情，一半是夕岚
深爱的心事心手相连为你的平凡而感动
铮铮群像携手创新发展铺就和谐华章
…………

三

情感的绿色屹立春意城墙
魂牵叶脉之根畅舞飞翔
既然深爱着自己的事业选择就不会后悔
不管是痛苦还是欢欣
动情的思虑化作甘霖的雨露
阐释以人为本的关怀穿透航标指南
数载风雨历程飞扬传奇颂歌
和谐的平台搭建凝聚不变的星光
付出与收获、执着守望无悔人生的交替

坚实的步履踏出恒久的辉煌
春风化雨般的甘霖铺洒大地
湿润了乡亲的目光，葱茏了四季的炊烟
灵魂深处的标签不懈追求铭刻备忘
韵唱出国家与平民和谐相生的生动序曲
新的世纪美妙蓝图把城市的霓虹点亮
小康的憧憬在经济的海洋里徜徉
抒怀生命的意义
发展和民生共存的理念腾飞时代的翅膀
忠诚履行着职责，责任打造着使命
拍岸击石的歌涛海啸穿过云霄
鹰击长空演绎铁血民族复兴的博大情怀
扫描旷野的灵感达至心之祭坛
坦然站成一块无字石碑
书画山水自然立体的想象和空间
如同默默耕耘浮雕的风景
把多味的人生拿捏明白
遥想漂泊的往事如远寺的钟声将圣洁的梦惊醒
枫叶红醉的夜晚捶打你人性坚贞的质感
…………

四

江水滔滔，奔流不息
灿若星辰的梦捧在手心
金黄色的收获晾晒出一片浩瀚的海洋
结晶的盐在风干的同时

浓缩成另外一种形式的新生
光亮的边沿爬满咸涩的泪滴
灯火深处仰望海的精神吸啜乡情
吉祥和平的极光导演一场无边的细雨
让成长的日子更加意味深长
痴心不改的轨迹幡然醒悟
人生的进程必然要面临孤独不解的困惑
彻底的坦荡放逐脆弱的神经
只求纯净如初做人的原则
将爱的主题用心呵护曾经的春秋冬夏
时代的寓言赋予职责神圣的内涵
辛勤的付诸洗濯无声梦境，忠贞不贰
不怕涉险渡滩，独立寒秋等待起锚
生命无边，青春早已独自出发
满腔豪气撞击许下的诺言熠熠生辉
一滴清泪走进岁月的缝隙眺望如初
日子已经老去唯有真诚贮满心房
颤抖的衷肠倾诉今宵为谁开窗
丰硕的果实满布星星点灯的激情舞蹈
飞翔的理想从不倦怠拉响晴空的琴弦
生命无私的深处肃然起敬反射璀璨星光
诚挚的祝福植根于振翅欲飞的故土家园
季节的佳期弥漫新绿约会希望的春天
鲜活了这大山深处日新月异的美丽新世界
…………

贵州，这片神奇美丽的土地
——我与贵州改革开放40年

文 田俊杰

一

这是一片神奇美丽的土地
自打记事起
向往仿若扎了根的小树
不断向大地深处蔓延
夜郎古国
低声诉说着千年往事
遵义会议
开启了革命的恢宏篇章
梵净山
这土地上俊秀的奇男子
黄果树瀑布
仿若挥练的舞女尽展芳华
长大后
你的轮廓渐渐清晰
那种难言的情思
像山涧的流水一直汩汩流淌
四年前
怀揣理想只身踏上这片土地
遥望这片似曾相识的地方
追寻一生的幸福和梦想
四年后
才发现早已恋上这方山水
妩媚多情的锦江水
四方朝圣的梵净山
古老神秘的苗王城
奇伟诡怪的九龙洞
正以彩笔勾勒着诗意和远方

二

驻足车水马龙的街头
看着往来穿梭的行人
总有人会深切地回味
那筚路蓝缕的艰苦拼搏
总有人会激动展望
万水千山正在焕发荣光
四十年里
改革开放的春风
吹遍贵州的山山水水
曾经闭塞落后的夜郎古国

今日犹如醒来的青春男子
正大步迈向辉煌的远方
高铁、航道纵贯东西
公路、铁路横跨南北
四十年里
宏伟的中国“天眼”
擦亮了探索宇宙奥秘的双眼
蜚声内外的国酒茅台
成为贵州走向世界的响亮名片
多彩贵州风
吸引了来自八方猎奇的游客
…………
四十年里
我曾走过铜仁的古建筑群
徜徉在新式的明清古楼里
抚过一扇扇载满故事的门窗
看见村民如花的笑靥
古村落早已旧貌换新颜
四十年里
我也曾漫步于锦江河畔
看那夜色中的十里画廊
两岸高楼林立
水中波光粼粼
兴市桥华灯璀璨
三江公园游人如织
四十年里
我还曾膜拜梵净山的神明
徒步登上金顶峰
览尽铜仁万重山
那一刻
涤尽心中凡尘琐事
看淡人世悲欢离

三

贵州
这片神奇美丽的土地
酸菜美味馋人
苗歌美酒醉客
银杏宛如蝴蝶起舞
珙桐花开飘洒芳香
这就是很久以前
刘伯温预言过的旷世奇迹
徐霞客痴迷过的秀美山水
还记得不久前
习近平总书记心系百姓
不远千里亲临贵州视察
尽情勾勒着宏伟蓝图
为贵州发展指明了前进方向
四十年的改革开放
见证了铜仁的改变
高速公路
似一条条游龙穿梭在山间
回家的路从此不再遥远

四十年的改革开放
改变了铜仁的落后
人均收入的逐年递增
手机电脑小轿车的普及
生活有了翻天覆地的变化
四十年的改革开放
为铜仁插上了腾飞的翅膀
沪昆高铁直达大上海
凤凰机场联通全中国
四十年里
在这片神奇美丽的土地上
我目睹了
一座座高楼拔地而起
一条条大路通往八方
四十年的改革开放
打破了区域间的种种壁垒
贵州不再是自大的代名词
如今正以雄健壮伟之姿
向世界尽展胸怀与豪情
四十年里
在这片神奇美丽的土地上
我教书育人，寻得偶伴
构筑了舒适的居所
过上了安稳富足的生活
四十年的改革开放
改善了青少年的成长环境
在贵州教育发展的浪潮中
铜仁一中力争上游
四十年里
铜中培育了数千英才
他们陆续步入名校殿堂
足迹遍布全国各地
成为时代的栋梁
大美贵州
坚持推进改革开放
加快少数民族地区经济发展
GDP大幅增长
大美贵州
坚持推进改革开放
加大精准脱贫力度
9000个贫困村落陆续致富
大美贵州
山水秀美，物阜民丰
奏响着时代的凯歌
早已今非昔比
大美贵州
在改革开放的伟大历程中
将越走越好
书写新时代的最美华章
大美贵州
在这片神奇美丽的土地上
我继续肩负教师的神圣使命
奉献毕生的青春和热血

七言散论
——我与贵州改革开放40年

文 刘俊宏

一

改革开放四十载，遥将连绵半世纪。
感慨黔地之巨变，不觉回景致当年。
山外对此无印景，不知该地贫难苦。
西腹贵地无平尺，山川连连没阴霾。
路高坡陡行道缓，车马贫瘠只闻人。
求学路行五里山，寒窗苦读灯油俭。
田处山间农夫辛，口粮匮乏不果腹。
洪涝旱灾门前过，斗米还需天赐予。
裳贫掣襟而露肘，来回缝补而心泣。
温饱为民之所欲，洁衣众人之所向。
守故思想尚残余，山地贫苦恐难复。
风林山火何时尽，但闻妙药几时来。

二

小平挥手放改革，高屋建瓴指方向。
结合实际促发展，整合优劣求务实。
国民皆应大包干，效率优先论公平。
依山傍水保生态，脚踏实地图生计。
集体所有权自主，三个有利为准则。

中央地方共担当，党政联心奔小康。
市场经济为取向，体制建立焉为难。
交通滞后誓不屈，复兴欲先出山林。
黔区道路举足艰，凿洞搭桥泪两行。
万众协心未曾怠，几代志者劳耕耘。
攻坚路上才辈出，善始善终无量功。
勤劳干部铸基石，八方众志助脱贫。

三

俗事皆因开头难，民情事务疑杂难。
党领干部敢为先，艰难险阻风雨担。
风俗异语密集地，君之所言亦不知。
逐户询访千愁解，倾付于君岂可知。
诉谈酸苦众人援，排忧解难望君安。
恭卑谦逊得人心，此乃人民子弟兵。
呕心沥血于乡民，先锋无悔付基层。
政扶内动双向取，今见英雄过古人。
育才改制普十二，百年大计教为先。
医疗保障覆盖全，后顾之忧均完结。
纪监纠察誓不休，惩贪肃纪弘正气。
克己奉公明大义，兢兢业业始如一。

四

淳朴善行为使命，本分精进笃实行。
无闻默潜若干年，蓄待一朝名美扬。
沧海终将变桑田，疑是换了个人间。
如今作为后花园，高铁高速通黔线。

绿水青山保发展，民俗旅游促经济。
歌舞升平享安康，车水马龙共繁荣。
数据时代已到来，科技创意新领域。
腾飞实乃势所趋，当下更变谁曾料。
豪情壮志续征程，泼洒热血凝岁月。
夕阳总待朝阳来，届时黔地定当彩。
醉美多彩公园省，绿色崛起风景域。
携手共筑中国梦，苦尽甘来贵州情。

五

山峦延绵黔东南，苗乡侗寨锦绣丽。
境内新迁江上城，至今十载已有余。
愚以自幼长于此，山水剑河孕真情。
纵观小城蓝图史，彼时良策覆乾坤。
政企分离自主权，民生经济变革起。
以公为主日渐兴，蓬勃产业年月红。
新城建设宏伟图，北岸开拓筑后路。
易地移民扶乡贫，精准落户唤安居。
身处虹桥观两岸，五彩霓虹耀缤纷。
民族文化甚浓郁，工艺相融饱增收。
化石遗产悠久史，仰阿莎畔景怡人。
苗疆圣水环山落，新城温泉盼汝归。

六

听闻长辈少时苦，拼搏岁月历在目。
不过一介放牛郎，而今美满定家康。
温饱至足于我辈，惟愿初心勿相忘。

吾虽常失亲之望，但非朽木不可雕。
待看弱冠何自立，依此黔地当可期。
数博会上千层浪，青年日后愈自强。
虽处风华正茂年，可闻疾风知劲草。
改革开放深受益，赤子宜怀家国情。
家园乐居来不易，重任肩负于今人。
机遇创新两部曲，后发赶超大格局。
生态文明珍如玉，田园风情润心脾。
绿水青山稀无价，今朝来者犹可追。

辉煌三部曲
——我与贵州改革开放40年

◎蔡　剑

站起来

1840年6月
天朝威严的大门
被烟枪和钢枪洞开
此后
华夏大地暗无天日
硝烟四起
满目疮痍
为救国救亡
多少先贤志士前仆后继
终未果
俄国十月革命的炮火
终结了俄国资产阶级政权的同时
也将世界的东方照亮
1921年7月
嘉兴的红船
向着自由的曙光胜利起航
数以亿计的先烈
用无比坚定的革命信念
用对党无比的忠诚
高举革命的旗帜
勇往直前
用澎湃的鲜血
用鲜活的生命
诠释了那句庄严的誓言——
为共产主义奋斗终生
随时准备为党和人民牺牲一切
在追求真理
向往光明和自由的路上
摔倒了
爬起来继续前行
倒下了
其他人补上去继续前行
他（她）们始终坚信正义必胜
中国共产党必胜
用或短或长的一生
谱写了对祖国
对母亲
爱的宣言
1949年10月
父亲年仅6岁

却有幸听见了来自北京天安门
那句响彻世界
响彻云霄的浓浓湘音——
中华人民共和国
中央人民政府
今天成立了
五星红旗冉冉升起
伟大的祖国
结束了风雨飘摇
任人欺凌的苦难岁月
结束了列强的蹂躏践踏
主权沦丧的屈辱
终于站起来了
伟大的中华人民共和国

富起来

站起来后的路
并非一帆风顺
虽然
有5000年文明的结晶
有4万万同胞的支撑
但是因为和小偷、强盗
流氓周旋太久
已经使得原本美丽、富足
强大的祖国
贫病交加
千疮百孔
那时
今天再普通不过的
楼上楼下
电灯电话
都是一种奢望
成了那一代人对未来生活追求的
终极目标
全国如此
贵州尤甚
天无三日晴
地无三尺平
人无三分银
1978年12月
党的十一届三中全会召开
这是一次拨乱反正的大会
更是一次具有划时代意义的大会
这是一次可以和遵义会议相提并论的大会
更是一次揭开了党和国家历史新篇章的大会
它实现了新中国成立以来我党历史上的
第二次伟大转折
那位中国历史上举足轻重的传奇老人
在中国的南海边画了个圈
圈出了中国人的智慧
圈出了中国人的幸福
更圈出了中国人的美好未来
改革的春风

一夜之间吹遍了神州大地
吹醒了长江
吹醒了黄河
吹醒了上海
吹醒了深圳
也吹醒了黔山秀水间的贵州儿女
1980年12月
我来到这个美丽的世界
有幸见证了贵州蜕变的伟大历程
历经40载的拼搏
历经40年的沉寂
3000多万贵州人
用贵州智慧
勇气和力量
肩负起历史的责任
不辱使命
用忠诚、干净、担当
书写了贵州的华章
不鸣则已
一鸣必惊人
不飞则已
一飞必冲天
天无三日晴
实则是天赐贵州
梵天净土
壮美黄果树
马岭河
织金洞
桫椤
黔金丝猴
…………
共同构建了人类最后一片净土
为每一个疲惫的心灵提供栖息之地
地无三尺平
那已成为历史
而今
从龙洞堡
可以到天涯海角
北盘江大桥
坝陵河大桥
鸭池河大桥
早已将天堑变为了通途
神州大地
均可朝发夕至
县县通高速
已将爽爽的贵阳
与洞天福地、花海毕节等9个兄弟
紧紧相连在一起
人无三分银
那是过去
贵州3000多万各族同胞
实施“三大”战略
守底线、走新路、奔小康
统筹推进“五位一体”总体布局

协调推进“四个全面”战略布局
践行“五大”新发展理念
在建设“百姓富生态美”的多彩贵州
新征程中
上下同心
开拓创新
在冲出经济洼地的同时
构建了自己的精神高地
让山水长卷、水墨金州
黔西南告诉你
贵州的天有多蓝
让生态之州、幸福黔南告诉你
贵州的地有多绿
让民族原生态
万象黔东南告诉你
贵州的人有多美
让碧绿的清水江告诉你
贵州的水是多么清澈
让茅台的风告诉你
贵州的风有多么醇香
让转折之城——遵义告诉你
贵州的红色文化有多么厚重
让贵州龙场告诉你
什么是天人合一
让八音坐唱告诉你
什么是天籁之音
让“天眼”告诉你
宇宙到底有多大
让大数据告诉你
你想知道的一切
…………
让勤劳、淳朴、善良的贵州人
告诉你
幸福是奋斗出来的
而奋斗的本质也是幸福的

强起来

睡狮已醒
2012年11月
党的十八大胜利召开
这是一次统一思想、凝聚力量的盛会
更是一次展示我们党团结、胜利、奋进的盛会
政治上
从严治党
大力纠“四风”
强力推进“八项规定”
壮士断腕持续反腐
…………
一种风清气正
民心所向的强国格局已经形成
经济上
深化经济体制改革
增长从高速增长到中高速增长

从量的增长到质的飞跃
从制造到智造
大众创业
万众创新
经济总量跃居世界第二
“一带一路”的倡议
…………
一个经济大国
正在向一个经济强国稳步迈进
军事上
保护自我的最佳方式
就是足够强大
辽宁舰为首的航母入列
钓鱼岛、黄岩岛、南海
朗洞等的较量
也门、利比亚撤侨
神州升空
蛟龙下海
嫦娥奔月
北斗启用
…………
只为向世人证明
人不犯我、我不犯人
人若犯我、我必犯人
一种强国风范日趋凸显
文化上
不忘本来
吸收外来
面向未来
坚定的文化自信
推动了文化繁荣兴盛
从而使得
文化作为国家的基石更加稳固
文化作为民族的灵魂更加璀璨
文化强国的崛起已经势不可挡
中国梦
就是追求国家富强、民族复兴、人民幸福的梦
在谋求实现中国梦的伟大征程上
贵州必将和全国各地一起
顽强拼搏
砥砺奋进
父辈已然老去
而子女尚年幼
感恩奋进正当时
吾辈誓有新作为
不忘初心
牢记使命
承前启后
继往开来
我坚信
明天
祖国一定会更加富强、民主、文明、和谐
社会一定会更加自由、平等、
公正、法治

人民一定会更加爱国、敬业、
诚信、友善
这就是明天
东方巨龙腾飞的明天
这就是明天
你我共同期待并为之奋斗的明天
这就是明天
你我触手可及的明天

贵州巨变与多彩（组诗）

文 边孙权

红

80多年前
名不见经传的黔地
因工农红军过境
红星照耀
黎平会议、猴场会议
遵义会议
挽救了党
挽救了革命
战火、鲜血
淬炼的党旗更红
四渡赤水的胆略创举
刷新了史册
震惊了世界
革命火种燎原
红色基因延续
精神扎根黔土
改革开放40年
“红”成为贵州形象主色调
红色旅游、红色文化、红色精神
热情、向上、温暖、火热
荟萃了红的精华
红色革命老区
旗帜高扬永红

蓝

“天无三日晴，地无三尺平”
不再是贵州的形象标签
改革开放的巨变
江河湖泊水清碧蓝
烟囱不再黑烟滚滚
地面不再灰尘漫天
到处空气清新
遍地鸟语花香
林城欣欣向荣
黔境蒸蒸日上
天多蓝、水更蓝

黄

黔地秋高气爽

田园金波稻浪
涟漪泛向漫山遍野
把瓜果荡漾成金黄
贵州厚积薄发
改革硕果累累
变化日新月异
智慧闪烁光芒
铁锤、镰刀、五星
旗帜高扬引领
后发赶超如凤涅槃
崛起西部丰收黔景
穗壮果硕色金黄

绿

云贵高原
生态贵州
绿色发展主基调
四季分明呈异彩
春和景明花团锦簇
夏艳植茂山清水秀
秋高气爽瓜果飘香
冬灵素裹风情别样
改革开放40年
毕节试验30载
成就如今贵州
到处绿水青山
整脏治乱家喻户晓
厚植生态城乡绿色
煤炭矿冶变革转型
基础设施建设空前
花草绿树进城
生态天地蓝绿
垃圾环保处理
城乡庭院整洁
决战脱贫攻坚
决胜同步小康
保持定力实现富美
绿水青山金山银山
坚守底线增进福祉
时代文明蔚然成风
与时俱进、真抓实干
求真务实、走转赶超
政治站位、乡村振兴
破茧蝶变黔逐梦
发展、生态、绿色
今朝西部明珠——贵州
大美、辉煌、多彩

故土·新生

◎聂 兵

你从1413年走来，风雨中600年跋涉的脚步
——覆灭牂牁国的城府，见证夜郎自大的屈服及土著黎庶的贫苦
你用奢香夫人的眼遥望通向京城的路
你借康乾改土归流的权谋让自己富庶
你揭竿而起，高举乾嘉、咸同起义的刀斧
——掘开清王朝覆灭的坟墓
你在青岩、开州、遵义振臂高呼
——三大教案精忠报国，驱除鞑虏
你又于25000里漫漫征途
——在遵义几间陋屋里启封了历史的毒诅
你承受了百年耻辱
当抖落满身的担负，已是1949
——从此，你走进童话里的森林城府
你在繁华里掩藏甲秀楼百年科甲挺秀的风雅古朴
你在南明河掬一粒水珠，孕育两岸淳朴的风俗
你在怀中撒一粒稻、谷、麦、荞、薯
——养育了乌蒙山的辈辈祖祖
你用一个花溪、一朵白云、一轮金阳描摹时代的蓝图
天赐为贵、地得为安
一个国家级新区的梦想跨在山水田园间被时代描述
你

在黄果树瀑布跌宕欢畅的翻腾掠跃里懂了倾心折服
在梵净山林海水光的苍莽变幻里忘了苍山日暮
在百里杜鹃红艳撩人的光影迷离里醉了蜂飞蝶舞
在暮雨晨烟的千户苗寨探寻“美丽超乎想象”的雷公山麓
在石阡温泉群温暖体贴的暧昧舒畅里真情倾注
在荔波小七孔牵着“蝴蝶”的爱恋双栖双宿
在茅台古镇醇香四溢的神魂迷醉里谈今聊古
在草海摇一支橹，划开水痕，寻觅黑颈鹤在芦花深处
在青岩古镇静寂的黄昏里看秋水长天、落霞孤鹜
去看赤水苍翠拔立婆娑的竹
去观逝了千年重生的桫椤树
去仰瞻贞丰大地圆润挺拔的双乳
去游历侏罗纪遗馈下的龙的国度
——捡一枚相思镶在红枫湖，采一罐风华酿在百花湖
——描一幅自然对山水雕琢的神工鬼斧悬于万峰湖
飞流直下叹赤水十丈洞瀑布、中洞瀑布
漂流否，刺激不
——黄平飞云大峡谷、马岭河峡谷
消夏来凉都，林城无酷暑
你是茅台飘出清醇美韵，毛尖香茗缭缭的源头
你是苗、侗、布依等十七个世居民族不舍的故园情愫
你用刀镰火锄的犁骨创造了彝人的爨文与水族的反书
你用麻类植物纺织编缝，借红丝绿缕穿连成苗绣和麻布
你从贫涸的泥地里挖一分银，为多情多姿的少数民族
——打造银项圈、银耳环、银花、银冠、银手镯、银梳
你从原始狩猎以来的悠久文明里学会了功防守护
大明边城仍守着你“开史”的时候

毕节百里杜鹃，世界上最大的天然花园

——羁縻之策败落成你岁月的底色
你垒起坚实的石头屯堡，也筑多情的吊脚楼和石板屋
你从谷物的生命里抽取灵魂酿成千年的醇厚
便有匝酒、烧酒、水酒、糯米酒、茅台和刺梨酒……
——香藏万户，一直醉到巴拿马，醉到世界的尽头
你在不朽的劳作，憩息里吹演弹奏
便有芦笙、姊妹萧、牛骨胡、唢呐、月琴和铜鼓……
你在土坎田间的劳作里歪歪扭扭
便有火把节、锦鸡舞、上刀山、摔跤、斗鸡斗牛、鸟兽舞……
你更生育了一支民族文艺传播的号手
他们是从田地间跳上世界舞台的——侗族大歌、滚山珠
——他们是泥土，也是艺术
你的儿女个个是热情好客的主
——哪怕家里只有土豆、苞谷、臭豆腐
你在恒久的贫困里坚守不输
——哪怕窝里只有两头牛、一头猪

你在艰难的蠕行发展中义无反顾
你在世人无知的理解里满不在乎、倔强不哭
你像极我蹒跚衰瘦的祖母，以佝偻的形体向时代祈福
而我在你久未舒展的眉宇间瞅见希望的光曙
国家大数据综合试验区、生态文明试验区、内陆开放型经济试验区
让我看到你倔强不屈的筋骨
喀斯特王国、黔山秀水、秀甲黔中、无量黔途
你在后发赶超的风雨里奋力追逐
你在脱贫攻坚的苦旅里全力以赴
你借平塘射电望远镜探视幽远玄秘的宇宙
你借多彩贵州风把酒、茶、烟、药、旅游的名片递出
山川里横卧的世界级桥梁，在追踪着彩虹的脚步
大地里描绘着四在农家美丽的乡愁，飞歌铺满每一条回家的路
你在山地公园的舞台上翩翩起舞，聚焦世界的注目
你又在大数据的“云端”之上看到互联网铺排的财富
你终于可以向着高山、深谷，大声说：“不”
任凭别人无知粗鲁的解读——我依然要倾情自豪地为你填诗作赋
因为：你是贵州
你是看得见山、望得见水、记得住的乡愁
因为：你是西部
你是我祖辈血泪浸透、生死交付的故土

乡愁在轻轻地飞

——写给我的故乡（黔北民居）

文 陈永祥

乡愁里的天上人间

这里曾经是五彩缤纷的色彩
而现在
这里已然成为梦一般的春天
一阵阵乡风吹拂过脸庞
往日的泥巴路几时已成为一个非凡的传奇
谁曾预料
二三十年来的土地
如今成为一杯乡愁
多少炊烟缭绕的往事
多少鸡犬相闻的时空
美丽的时间终究冲淡不了一个美丽的童话
我站在故乡美丽的田野
绞尽脑汁搜寻着历史那短暂的瞬间
那条牧鞭如今何处
那柄木镰如今何处
曾经沧桑的步履深处似乎某位老人在静静地叹息
叹息时间似水
叹息空间轮回
叹息往日的故事在短短的几十年

竟然被静静地变化成今日的天上人间

阳光进入农家

迎着黎明晨曦
我走进一户户漂亮的农舍
往日柴火熏黑的土灶
已由洁白瓷砖灶台取而代之
腾腾沼气燃起的蓝色火苗，正将
锅里的自来水煮成白色翻滚的气泡
坐在窗明几净的空间，放眼
屋内的每一个角落
过去那被烟火熏黑的墙壁
早已消失得无影无踪

遵义市播州区枫香镇花茂村新农村建设（陶瓷文化街）

故乡富了，富在今日美丽如画的村庄
故乡美了，美在每一个亲人的心里
我站在村庄的每一处地方，仿佛
看见亲人们正迎着曙光在大道上奔跑
我欣赏着一栋栋别墅似的楼房
就像品尝着母亲饭菜的馨香
如今故乡已一尘不染
一尘不染的故乡已成为地平线
一道没有炊烟的风景

晨曲未终

晨风里，再一次
漫步于故乡洁净硬实的道路
来到村口那嵌有“鱼水情深”的牌坊
我的心再一次感到无比踏实
这条路，我曾走过无数个春夏秋冬
都没有走出今天早晨的这丝惬意
梦幻交替着现实的韵味
几行记忆在大脑翻滚
童年的路是一阵烟
少年的路是一场雨
如今的路是一缕甜蜜的馨风
站在净洁宽阔的水泥路中央
真想找回童年的那支短笛，用一种
别有风味的调子为家乡抒怀
抒怀这里的水甜

抒怀母亲的菜香
站在惺忪舒展的天地
品着家乡浓浓的晨味
一处处如诗般的画面又掩映在眼前
掩映于眼前的风景
正如一曲含意隽永的交响乐
开始舞动嘹亮动人的音符
开始用嘹亮声音的节奏向世人暗示
乡愁在轻轻地飞
乡音的晨曲在继续

贵州改革开放40年大事记
（1978—2018）

1978年

安顺关岭顶云公社率先实行“定产到组、超产奖励”的农村改革，与安徽凤阳小岗村一起拉开了中国农村改革的大幕。

1984年

1. 罗甸县大关村党支部书记何元亮带领村民劈石造田，孕育了苦干实干的“大关精神”。

2. 川滇黔桂渝省市负责人聚首贵阳，创建四省五方经济协调会。

1987年

1. 遵义湄潭获批为全国农村改革试验区，“增人不增地，减人不减地”的首创经验在全国推广。

2. 中国贵州航空工业（集团）公司成功研制歼教-7飞机，并在法国巴黎航空航天博览会上展出，这是中国自行设计制造的飞机第一次参加国际航空航天博览会。

3. 贵州推动企业经营机制改革，实行“两权分离”，推行承包经营责任制。

1988年

1. 安顺成为全国唯一的以多种经济成分共生繁荣为主题的省级经济改革试验区。

2. 国务院批复同意建立毕节试验区，“开发扶贫、生态建设、人口控制”三大主题影响深远。

1990年

1. 乌江水电开发公司成立，是我国组建的第一家实行流域滚动开发的水电公司。

2. 兴义日化厂与美国兴运联合有限公司共同投资建立的贵州神奇制药有限公司，是贵州第一家中外合资制药企业。

1991年

西南地区第一条高等级汽车专用公路——贵黄公路开通。

1992年

贵阳市中华中路玫瑰商场二楼诞生了贵州第一家证券业务部，拉开了贵州证券业帷幕。

1994年

“黔中天A”在深圳证券交易所上市交易，成为贵州最早的两支在A股上市交易的股票之一。

1997年

1. 贵阳龙洞堡国际机场落成，成为西南地区重要的航空枢纽。

2. 原贵州大学与贵州农学院、贵州艺术高等专科学校等院校合并，组建新的贵州大学。此后又与贵州工业大学合并，整合组建成新的贵州大学，进入国家“211”工程。

2000年

1. 作为西部大开发的标志性工程，我国首批“西电东送”工程——贵州洪家渡水电站、引子渡水电站、乌江渡水电站扩机工程同时开工。

2. 《贵州省人民政府关于加强退耕还林（草）试点示范工作的通知》下发，贵州省全面实施退耕还林还草工程。

2001年

1. 世界500强、日本京瓷进驻贵州，系贵州当时引进的最大外资项目。

2. 贵州茅台酒股份有限公司成立，并上市筹集资金。

2002年

全长118.52公里的贵州首条地方合资铁路——水柏铁路全线通车，是我国第一条利用亚行贷款的单线一级电气化铁路。

2003年

贵州成为“全国农村远程教育”三个试点省之一，30年来第一次承担全国性的最大的试点任务。

2004年

1. 贵阳市被国家林业局授予中国首个“国家森林城市”称号。

2. 贵州益佰制药股份有限公司在上海证券交易所成功上市，成为贵州省首家上市的民营企业。

2005年

“多彩贵州”歌唱大赛创造了贵州历史上群众性文化活动的新纪录，多彩贵州风奏响迈向历史性跨越的和谐交响。

2006年

贵州举行首届旅游产业发展大会，锁定旅游大省目标。贵州是全国第三个以省委、省人民政府名义举办旅游产业发展大会的省份。

2007年

贵州同济堂制药股份有限公司在美国纽约证券交易所挂牌交易，成为登陆纽约股市的中国首家中医药企业。

2008年

1. 贵阳至广州快速铁路开工建设，这是贵州现代化交通体系建设和实现经济社会发展历史性跨域的重大举措。

2. 贵州选手邹市明夺得北京第29届奥运会男子拳击48公斤级金牌，实现中国拳击项目奥运金牌“零”的突破。

2009年

贵州“两基”攻坚提前三年完成。

2010年

贵州首个大型跨地区、跨流域长距离调水工程——黔中水利枢纽工程开工建设，这也是国家重点水利工程和西部大开发的标志性工程之一。

2011年

贵州率先在全国实施学前教育三年行动计划。

2012年

《国务院关于进一步促进贵州经济社会又好又快发展的若干意见》（国发〔2012〕2号）颁布，给贵州带来新一轮大发展机遇，新型工业化、城镇化等各项事业驶入快车道。

2013年

1. 贵阳市人民政府与中关村科技园区管理委员会签署战略合作框架协议，双方共同打造的“中关村贵阳科技园”揭牌；中国电信、富士康、中国联通、中国移动等一批标志性、引领性的大数据项目先后入驻贵州，标志着大数据产业起步。

2. 生态文明贵阳会议升格为国家级国际性论坛——生态文明贵阳国际论坛。

2014年

1. 国务院批复同意设立贵州贵安新区，是中国第八个国家级新区。

2. 《贵州省生态文明建设促进条例》正式施行，这是我国首部省级生态文明建设条例。

3. 中国西南地区第一条时速250公里的高铁——贵广高铁正式开通运营，贵州进入“高铁时代”。

4. 贵州围绕“放管服”改革，持续深化推进减政、减支，取得明显成效。贵州省政府政务服务中心挂牌成立，实现“集中审批、专职审批、窗口审批、标准审批”。

2015年

1. 贵州成为西部第一个、全国第九个实现县县通高速的省份。

2. 贵州扶贫专线正式开通，成为全国第一条省级党委政府面对贫困群众的热线电话。

2016年

1. 贵州在一年内获批国家大数据（贵州）综合试验区、内陆开放型经济试验区、国家生态文明试验区。

2.国家重大科技基础设施、世界最大500米口径球面射电望远镜——“中国天眼”在贵州省平塘县落成启用。

3.横跨云贵两省的杭瑞高速公路北盘江大桥正式通车，桥面到谷底垂直高度达565米，是目前世界第一高桥。

2017年

1.“三变”改革首次写入中央一号文件，荣登中国“三农”十大创新榜，六盘水市被确定为全国农村改革试验区。

2.贵州成为西部第一个、全国第十四个实现建制村通畅（村村通油路）的省份，第十个实现村村通客运的省份。

3.云上贵州（班加罗尔）大数据协同创新中心在印度班加罗尔正式挂牌运营。云上贵州系统平台是全国第一个实现省级政府、企业和事业单位数据整合管理和互通共享的云服务平台。

2018年

1.多彩贵州宣传文化云正式上线运行，这是全国省级层面第一个覆盖整个宣传文化系统的大数据共享云平台。

2.贵州发起脱贫攻坚“春风行动”“夏秋攻势”“冬季充电”，14个贫困县（区）脱贫摘帽。

3.贵州省颁发全省首批“34证合一”营业执照。这是贵州省商事制度改革的又一项重大举措。

跋

改革风云一纸书，追梦奋斗千篇重。2018年，为庆祝改革开放40周年，由中共贵州省委宣传部指导，中共贵州省委全面深化改革委员会办公室、中共贵州省委网络安全和信息化委员会办公室、当代贵州杂志社、原当代贵州期刊传媒集团主办，中国党刊网、领导者客户端、党建智库承办的“我与贵州改革开放40年”网络主题征文活动，引起了强烈反响。现在，主办方将最终遴选出的49篇优秀文章辑录出版，这确实是一件非常有意义的大好事。

在中国文化语境中，“40”是一个可以赋予重要含义的数码。百年大计，经四十而终成型；百岁人生，历四十而近不惑。中国改革开放40年，谱写了中华民族自强不息、开拓创新的壮丽史诗。中国，从一个物资短缺、科技落后、思想封闭的国度，华丽转身为世界第二大经济体。大多数中国人，过上了相对富裕、自由、体面而有尊严的生活。这40年，从治国经略大政方针到百姓的思想观念，都发生了天翻地覆的巨大变化。经历了这段社会变迁的人们，心情都会像一首歌曲中唱的那样：总想对你表白，我的心情是多么豪迈；总想对你倾诉，我对生活是多么热爱。勤劳勇敢的中国人，意气风发走进新时代。

如果把改革开放成长壮大的中国比作一棵枝繁叶茂的参天大树，它既需要国家纪略的主干，也需要百姓细节的枝叶，才能完整客观地呈现历史的影像。回望40年，留在人们记忆里的这段饱含温度的故事，总会让人心心念念，难以忘怀。读了征文来稿，我们就会感受到，无论是改革路上的苦楚，还是奋斗途中的喜悦，都融入社会前进的洪流，转化成了宝贵的精神财富。本书的编辑，把49篇优秀征文，分编成“大潮奔腾·岁月如歌”“天堑变通途·居者有其屋”“绿水青山·生态宜居”“民生‘小’事·幸福‘大’事”“‘诗’歌改革·‘词’咏开放”五个篇章。贯穿在五个篇章之间的红线，就是党和国家“以人民为中心”执政理念的丰硕成果。一本黄钟大吕质地的纪念文集，选择了这五个充盈诗情画意的段目，我们完全可以揣摩编辑在审读这些文稿时被真情、真意、真心、真义所感动，将人民情怀汇入了书中。

2018年，是中国改革开放40周年，也是马克思200周年诞辰。2018年，有本一出版就成网红的书——《马克思的20个瞬间》。其中的第十三章《观察历史的慧眼》，写的是1859年贫困交加、肝病缠身的马克思，伏案在大英博物馆的图书室里忘我写作。那年，马克思恰好40岁。马克思在这里完成的是《政治经济学批判〈序言〉》，这篇只有3000余字的论文，一经发表就确定了它在马克思著作中的历史地位，成为马克思诠释历史唯物主义观点的经典。它的要义是，物质生活的生产方式制约着整个社会生活、政治生活和精神生活的过程。“我与贵州改革开放40年”征文活动中，大部分来稿写的都是老百姓衣、食、住、行方面切身变化，讲的是“经济发展”“社会发展”与“人的发展”的连锁反应。其实，它们正是马克思历史唯物史观的原点，也是党的十八大以来，以习近平同志为核心的党中央执政理念的出发点和落脚点。

历史是本教科书。我们隆重庆祝改革开放40周年，目的就是从历史的维度去总结对标当代的现实，提炼出有益于未来的启示。这49篇优秀征文的作者，正是从自己的亲身经历、周围环境的社会变化，展示出新时代贵州精神的风采，勾画出改革开放以来贵州人民大踏步前进的缩影。这是一次历史与现实的问答交流，奋斗与追梦的思想洗礼，汲取的是对信仰、信念、信心的增值。圆梦在明天，奋斗在今朝。《我与贵州改革开放40年：庆祝改革开放40年大型网络征文优秀作品集》的出版，其质地完全可以作为一块“新砖”，砌进新时代贵州精神的大厦。

陈颂英

2019年7月

后记

本书由贵州日报当代融媒体集团旗下中国党刊网组织编辑出版，中共贵州省委副秘书长李裴，中共贵州省委组织部副部长王瑞军，中共贵州省委政策研究室副主任、中共贵州省委改革办专职副主任肖章杰，中共贵州省委党史研究室副主任覃爱华，多彩贵州网有限责任公司党委书记、董事长陈麟，贵州广播电视台党委副书记、总编辑刘冲，多彩贵州网有限责任公司党委副书记、副董事长、总经理万群，多彩贵州网有限责任公司党委副书记邓航，贵州省人民广播电台原副台长陈颂英，贵州大学公共管理学院党委原书记李波等有关方面负责同志和专家对书稿进行了审定。

本书在编写过程中，得到了中共贵州省委宣传部、中共贵州省委全面深化改革委员会办公室、中共贵州省委网络安全和信息化委员会办公室等单位负责同志及专家学者的大力支持，在此一并致谢。

编者

2019年7月